法/律/红/宝/书

普法宣传活动
推荐用书

法律入门

一看就懂的法律常识

根据《中华人民共和国民法典》编写

刘辉◎主编

杨天宇 刘东杭◎副主编

台海出版社

图书在版编目（CIP）数据

法律入门：一看就懂的法律常识 / 刘辉主编 . --
北京：台海出版社，2021.2
ISBN 978-7-5168-2882-3

Ⅰ . ①法… Ⅱ . ①刘… Ⅲ . ①法律—中国—通俗读物
Ⅳ . ① D920.4

中国版本图书馆 CIP 数据核字（2021）第 009848 号

法律入门：一看就懂的法律常识

主　　编：刘　辉

出 版 人：蔡　旭　　封面设计：张合涛
责任编辑：赵旭雯

出版发行：台海出版社
地　　址：北京市东城区景山东街 20 号　　邮政编码：100009
电　　话：010-64041652（发行，邮购）
传　　真：010-84045799（总编室）
网　　址：www.taimeng.org.cn/thcbs/default.htm
E-mail：thcbs@126.com

经　　销：全国各地新华书店
印　　刷：天津旭非印刷有限公司
本书如有破损、缺页、装订错误，请与本社联系调换

开　　本：710 毫米 ×1000 毫米　　1/16
字　　数：235 千字　　印　　张：14.25
版　　次：2021 年 2 月第 1 版　　印　　次：2021 年 2 月第 1 次印刷
书　　号：ISBN 978-7-5168-2882-3

定　　价：49.80 元

前言

所谓术业有专攻，隔行如隔山。原本我以为很简单的法律常识，却发现很多人并不懂。执业多年，接触过很多不懂法的人，其中有未成年人，也有成年人，有一般的老百姓，也有受过高等教育的知识分子。因为不懂法，有的人吃亏、上当、受骗，甚至“身陷囫囵”，因为走错了路而悔不当初。那些因不懂法、不守法而导致个人赔偿甚至犯罪的案例比比皆是。比如：代购国外的化妆品被判刑，骑车载朋友摔伤被索要赔偿，在公司打销售电话拼业绩被抓……

借钱没打欠条如何取证起诉，他们不懂；办过婚礼也不能算事实婚姻，他们不懂；起诉前可申请先予执行提前拿到赔偿，他们不懂；打工者没有合同要不到工资，如何讨薪，他们不懂；和未成年少女谈恋爱同居涉嫌犯罪，他们不懂；招致“飞来横祸”被砸伤，应该找谁赔偿，他们也不懂；帮忙存放来历不明的东西构成犯罪，他们也不懂……

法律面前人人平等，法律不可能因为你“不懂”而放过你。正是因为太多的“不懂”，才导致一些人们无心违法而犯法，不能不说这是件太过遗憾的事。所以，学习和掌握一些生活中基本的法律常识是立足现实社会的实际需要。法律常识是人人必备的防身武器。掌握法律常识，才能做到知法守法；掌握法律常识，才能增强法制意识和法律观念。我们需要知道什么是合法的、什么是违法的、什么是犯罪的，自觉地履行法律规定的义务、用法律约束自己的行为，正确地使用法律对待和处理自己周围的纠纷，从而保护自己合法权益，防止违法犯罪，真正做到懂法、知法、守法、用法。

笔者曾写过多本法律常识的著作，本书是笔者结合20年的职业经验，认真梳理、精选了与我们的生活息息相关的法律常识，力求通过典型案例、律师解析、法律依据3个版块，对我们在日常生活中经常遇到的、较为常见的法律问题进行解答。本书涉及婚姻、家庭、继承、劳动、合同、交通、物权、房产、消费、刑事、行政等方面的法律知识，旨在帮助读者轻松掌握日常必知的法律常识，以法律的思维判断世间的是非曲直，从而规范行为、明白生活、理智处世、合法维权。愿本书能成为你和你的家庭必备的法律顾问。

最后，希望大家都珍惜自己所拥有的美好生活，用法律常识做护身符，保你一生风雨无忧；用法律做晴雨伞，为你一生保驾护航。

刘辉律师

目录

第一篇　诉讼常识

1. 民间借贷纠纷应该到哪个法院起诉？……1
2. 到法院起诉前需要做些什么？……2
3. 上诉状交到一审法院还是二审法院？……3
4. 法官态度不好，可以申请回避吗？……4
5. 什么是原告就被告？……5
6. 夫妻双方都不在老家，起诉离婚应该到哪个法院？……6
7. 发生交通事故后，受害人应向哪个法院起诉？……6
8. 向法院起诉后能否撤诉？……7
9. 当事人不能提供证据该怎么办？……8
10. 未成年人可以到法院起诉吗？……9
11. 偷拍偷录的视频能否做证据使用？……10
12. 微信聊天记录可以作为证据吗？……11
13. 经法院调解达成的协议具有法律效力吗？……12
14. 法院判决不准离婚后还能再次起诉吗？……13
15. 起诉时怎样防止对方转移财产？……14
16. 法院在什么情况下可以中止审理案件？……15
17. 民事诉讼的“一事不再理”是什么意思？……16
18. 被告可以提出反诉吗？……17
19. 刑事案件可以自己到法院起诉吗？……18
20. 刑事案件请不起律师怎么办？……19
21. 哪些犯罪嫌疑人可以申请取保候审？……21
22. 嫌疑人被逮捕后家属可以随时会见吗？……22
23. 民告官可以要求“一把手”出庭吗？……23

第二篇　婚姻家庭

24. 办过婚礼未领结婚证，能继承对方的遗产吗？ …… 25
25. 双方同居但未领证，分手应当退彩礼吗？ …… 26
26. 恋爱期间送的礼物，分手后能要回吗？ …… 27
27. 同居期间买的房，分手后归谁？ …… 28
28. 恋爱期间怀孕，能让对方承担责任吗？ …… 29
29. 离婚时可以让出轨一方“净身出户”吗？ …… 30
30. 结婚后，婚前个人财产会变成夫妻共同财产吗？ …… 31
31. 法院判决离婚后还用去领离婚证吗？ …… 33
32. 遭遇家庭暴力怎么办？ …… 34
33. 婚前隐瞒重大疾病，婚姻能否撤销？ …… 35
34. 找不到对方，另一方能离婚吗？ …… 36
35. 妻子能向“小三”索赔吗？ …… 37
36. 将老公和“小三”的隐私发到网上违法吗？ …… 39
37. 全职太太离婚时可以多要补偿吗？ …… 40
38. 协议离婚后，还可以起诉要赔偿吗？ …… 41
39. 离婚期间转移财产该承担什么责任？ …… 42
40. 夫妻一方在外借款，是否属于夫妻共同债务？ …… 43
41. 女方经济条件比男方差，离婚能否赢得抚养权？ …… 44
42. 夫妻代孕生子，丈夫去世后孩子判给谁？ …… 46
43. 婚前一方首付购房，离婚时怎么分？ …… 47
44. 婚前一方出资登记在对方名下的房子，离婚时怎么办？ …… 48
45. 婚后一方父母出资买的房子是否属于夫妻共同财产？ …… 49
46. 婚后双方父母出资买的房子，离婚时怎么分割？ …… 51
47. 没有房本的房子离婚时怎么处理？ …… 52
48. 离婚后一方生活困难，能否要求在房屋内继续居住？ …… 53
49. 夫妻一方在监狱服刑，另一方能否要求离婚？ …… 54
50. 父母去世，未成年子女谁来抚养？ …… 55
51. 子女不履行赡养义务怎么办？ …… 56

52. 哪些法院对赡养案件有管辖权？ …… 57
53. 死亡赔偿金能作为遗产被分割吗？ …… 58
54. 保险金能作为遗产被继承吗？ …… 59
55. 监狱服刑人员有继承权吗？ …… 60
56. 未出生胎儿有继承权吗？ …… 61
57. 父母离婚后，父亲不给抚养费，可以和他断绝关系吗？ …… 62
58. 什么是离婚冷静期？ …… 63
59. 电脑打印的遗嘱有效吗？ …… 64
60. 父亲去世，儿子需要替父亲还钱吗？ …… 66
61. 丈夫欠债，妻子如何自保？ …… 67

第三篇　日常消费

62. 网购商品与描述不符该怎样维权？ …… 69
63. 在超市买到过期商品找谁赔？ …… 70
64. 去饭店吃饭可以自带酒水吗？ …… 71
65. 网店标明“不支持七天无理由退货”有效吗？ …… 72
66. 照相馆弄丢了结婚照，顾客能要求赔偿精神损失吗？ …… 74
67. 超市可以对顾客搜身检查吗？ …… 75
68. 商品试用后必须购买吗？ …… 76
69. “物品丢失概不负责”的告示有法律效力吗？ …… 77
70. 赠品有质量问题可以索赔吗？ …… 78
71. 包间可以设定最低消费吗？ …… 79
72. 快递柜收保管费合法吗？ …… 80
73. 快递丢失如何赔偿？ …… 81

第四篇　物权篇

74. 夫妻一方擅自卖房，另一方可以把房子要回来吗？ …… 83

75. 归还捡到的手机，可以向失主索要酬金吗？ …… 84
76. 安装护栏需要邻居同意吗？ …… 85
77. 不在小区住，可以不交物业费吗？ …… 86
78. 自家宅基地翻建需要审批吗？ …… 87
79. 业主在公共绿地种菜，其他业主可以铲除吗？ …… 88
80. 家里装修需要物业同意吗？ …… 90
81. 物业公司有权收停车费吗？ …… 91
82. 在自家院子里挖到宝贝应归谁？ …… 92
83. 广告牌坠落砸坏车，车主该向谁索赔？ …… 93
84. 物业公司能否以不交物业费为由擅自停水停电？ …… 94
85. 业主可以更换物业公司吗？ …… 95
86. 房屋拆迁，租户可以获得拆迁补偿吗？ …… 96
87. 城镇户籍的子女可以继承农村宅基地吗？ …… 98
88. 为朋友做担保有什么风险？ …… 99

第五篇　侵权篇

89. 把车借给朋友发生事故，车主是否需要担责？ …… 101
90. 因参加聚会醉酒致死，其他人需要承担责任吗？ …… 102
91. 搭同事的车下班发生交通事故，司机需要赔偿吗？ …… 103
92. 高空抛物伤人为何要起诉全楼业主？ …… 104
93. 学生课间打闹受伤，教育机构是否应承担责任？ …… 105
94. 小区里宠物伤人，谁该负责？ …… 106
95. 在游泳馆溺水死亡，经营者是否承担责任？ …… 107
96. 制作明星表情包侵犯肖像权吗？ …… 108
97. 顾客在商场受伤，商场应承担什么责任？ …… 109
98. 员工在执行工作任务期间驾车外出发生交通事故，公司是否应承担责任？ …… 110
99. 参加体育运动受伤，由谁担责？ …… 110

第六篇　房产常识

100. 没有房产证的房子能买卖吗？ …… 112
101. 购买的房屋被法院查封，合同有效吗？ …… 113
102. 卖方死亡后房屋买卖合同还能继续履行吗？ …… 114
103. 卖房人反悔，买方可以同时主张定金和违约金吗？ …… 115
104. 买房后，开发商不办理房产证怎么办？ …… 116
105. 买房时签订的阴阳合同有效吗？ …… 117
106. 房屋未成交，还需要交中介费吗？ …… 118
107. 贷款未还清，房子可以抵押吗？ …… 119
108. 买到凶宅可以解除合同吗？ …… 120
109. 以房抵债协议有效吗？ …… 121
110. 开发商未取得预售许可证，预售合同有效吗？ …… 122
111. 公房承租权可以继承吗？ …… 123
112. 公房可以转租、转卖吗？ …… 124
113. 子女出资购买父母分得的公房，房子产权归谁？ …… 125
114. 农村宅基地房屋能否买卖？ …… 126
115. 老宅拆迁，哪些人能获得补偿？ …… 127

第七篇　投资权益

116. 注册公司时股东是否要实缴出资？ …… 128
117. 违反公司章程的股东会决议有效吗？ …… 129
118. 一个人能开公司吗？ …… 130
119. 股东可以用劳务出资吗？ …… 130
120. 公司分红可以不按照出资比例分配吗？ …… 131
121. 股东对公司债务承担什么责任？ …… 132
122. 法人和法定代表人有何区别？ …… 133
123. 公司设立过程中签订的合同由谁担责？ …… 134

124. 公司是不是大股东一个人说了算？ …… 135
125. 股票退市，股民怎么办？ …… 136
126. 家中断网造成股票亏损，能否索赔？ …… 137
127. 股权如何转让？ …… 138
128. 合伙人能退出合伙企业吗？ …… 139
129. 股东虚假出资需要承担哪些责任？ …… 140
130. 股东可以撤回出资吗？ …… 141
131. 合伙人退伙后还需要对合伙企业承担责任吗？ …… 142

第八篇　合同常识

132. 未成年人打赏主播，钱能退吗？ …… 143
133. 定金和订金有何区别？ …… 144
134. 双方口头约定后未签合同，一方不履行该怎么办？ …… 145
135. 合同中“不能退费”的约定有效吗？ …… 146
136. 只有签字没有盖章的合同生效吗？ …… 147
137. 未约定借款利息，起诉时可以要求支付利息吗？ …… 148
138. 欺骗他人签订的合同有效吗？ …… 148
139. 债务人欠款未还，却不收取在外债权，该怎么办？ …… 149
140. 答应送给别人东西后可以反悔吗？ …… 150
141. 网页宣传与实物不一致怎么办？ …… 151
142. 对交友平台服务不满可以退费吗？ …… 152
143. 保险合同可以由他人代签吗？ …… 153
144. 帮朋友保管的物品损坏了怎么办？ …… 154
145. 航班托运的行李损坏了怎么办？ …… 155
146. 坐公交车受伤了怎么办？ …… 156
147. 出租车拒载合法吗？ …… 157
148. 提前订好酒店却不能入住该怎么办？ …… 158
149. 导游要求强制购物怎么办？ …… 159
150. 受胁迫写的借条有效吗？ …… 160

151. 银行卡被盗刷可以要求银行赔偿吗？ …… 161

第九篇 劳动权益

152. 用人单位不签劳动合同该怎么办？ …… 163
153. 签劳动合同时需要注意什么？ …… 164
154. 公司可以调整员工的工作岗位吗？ …… 165
155. 劳动者可以“不辞而别”吗？ …… 166
156. 加班费该怎样计算？ …… 167
157. 劳动者自愿加班，单位需要支付加班费吗？ …… 168
158. 入职新公司可以休年假吗？ …… 169
159. 用人单位可以用社保补助替代缴纳社保吗？ …… 170
160. 经济补偿金怎样计算？ …… 171
161. 下班买菜途中遇到交通事故是否属于工伤？ …… 172
162. 劳动者迟到，单位可以罚款吗？ …… 173
163. 劳动者可以同时在两个单位工作吗？ …… 174
164. 大学生假期打工被拖欠工资该怎么办？ …… 175
165. 员工工伤休养期间，用人单位需要支付工资吗？ …… 177
166. 用人单位未交社保，员工受工伤能否获得赔偿？ …… 178
167. 离职协议中约定的经济补偿低于法定标准，离职协议是否有效？ …… 179

第十篇 治安行政

168. 破坏、私占共享单车，违法吗？ …… 181
169. 分手后被前任骚扰怎么办？ …… 182
170. 精神病人打伤人，需要承担责任吗？ …… 183
171. 不满治安管理处罚，当事人怎样寻求救济？ …… 184
172. 警察当场收缴罚款 2000 元合法吗？ …… 185
173. 开“斗汽车”引发纠纷，公安机关能否扣押车辆？ …… 186

174. 行政拘留可以暂缓执行吗？ 187
175. 治安案件的当事人能否和解？ 188
176. 公安机关接到报案后应该在多长时间内受理？ 189
177. 派出所可以作出行政拘留决定吗？ 190
178. 公安局有权吊销营业执照吗？ 191
179. 市场监督管理局可以对当事人行政拘留吗？ 192
180. 办案民警与当事人是亲戚该怎么办？ 193
181. 对于打架案件，公安机关可以调解处理吗？ 194
182. 治安案件哪些情形可以减轻处罚？ 195
183. 能否随便拨打免费报警电话？ 196

第十一篇　刑事犯罪

184. 未成年犯罪案件公开审理吗？ 198
185. 怀孕的犯罪嫌疑人需要坐牢吗？ 199
186. 买卖玩具枪违法吗？ 200
187. 与未成年人自愿开房违法吗？ 201
188. 未成年人犯罪会判刑吗？ 202
189. 犯罪后跑路 30 年还会被追究刑事责任吗？ 203
190. 教唆小学生偷手机犯什么罪？ 204
191. 绑架自己向父母索要赎金犯法吗？ 205
192. 办假身份证违法吗？ 206
193. 买假发票报销违法吗？ 207
194. 私刻政府机关印章办事违法吗？ 208
195. 参与传销组织违法吗？ 209
196. 信用卡逾期不还会坐牢吗？ 210
197. 偷拍监视女友犯法吗？ 211
198. 因讨债扣押债务人违法吗？ 212
199. 故意传播性病违法吗？ 213
200. 追打小偷是否属于正当防卫？ 214

第一篇　诉讼常识

1. 民间借贷纠纷应该到哪个法院起诉?

典型案例

梁涛和张亮原在一个公司工作，张亮因家人做手术向梁涛借款2万元救急，称两三个月就还钱。因工作繁忙，梁涛也就忘了借钱给张亮的事。一年后因买房用钱，想起张亮借自己的钱还没还，遂给其打电话要求还钱。但张亮称自己已回老家，现在手头紧要缓一缓。梁涛见张亮没有还钱的意思，想到法院起诉，但考虑到要去外地，诉讼成本也比较高，不知道去哪儿起诉合适。

律师解析

一般来说，打官司以“原告就被告”为原则，即当事人须到被告住所地法院起诉。在民间借贷纠纷中，当事人之间属于借款合同关系，对于合同纠纷案件，除了可以在被告住所地起诉，当事人还可以在合同履行地起诉。案例中双方并未约定合同履行地，则以接受货币一方所在地作为合同履行地，即借款人未向出借人还款，出借人作为接受货币一方起诉，在原告所在地法院起诉即可。

法律依据

《中华人民共和国民事诉讼法》

第二十三条　因合同纠纷提起的诉讼，由被告住所地或者合同履行地人民法院管辖。

《最高人民法院关于审理民间借贷案件适用法律若干问题的规定》

第三条 借贷双方就合同履行地未约定或者约定不明确，事后未达成补充协议，按照合同相关条款或者交易习惯仍不能确定的，以接受货币一方所在地为合同履行地。

2. 到法院起诉前需要做些什么?

典型案例

白某驾车正常行驶，被赵某驾车追尾，经交管部门认定赵某负事故全部责任。但事故发生后赵某始终不配合处理，白某只能自行垫付修车费用，后白某拿着发票找赵某赔偿遭拒，准备到法院起诉，但不知道起诉需要准备哪些材料。

律师解析

白某是交通事故的当事人，与案件有直接利害关系。赵某是事故责任人，白某因其拒不赔偿损失诉至法院，符合民事诉讼法关于起诉条件的规定。白某准备好书面起诉状，以及交通事故责任认定书、修车发票等证据材料即可到法院起诉。如委托律师、其他近亲属办理，还需签署授权委托书。

法律依据

《中华人民共和国民事诉讼法》

第一百一十九条 起诉必须符合下列条件：

（一）原告是与本案有直接利害关系的公民、法人和其他组织；

（二）有明确的被告；

（三）有具体的诉讼请求和事实、理由；

（四）属于人民法院受理民事诉讼的范围和受诉人民法院管辖。

第一百二十条 起诉应当向人民法院递交起诉状，并按照被告人数提出副本。

书写起诉状确有困难的，可以口头起诉，由人民法院记入笔录，并告知对方当事人。

3. 上诉状交到一审法院还是二审法院？

典型案例

葛某向黄某借款10万元，口头约定借款期限一年，年利率按12%计算。借款到期后，葛某未还款，后经黄某多次催要仍未能还款，遂黄某诉至法院要求葛某偿还借款本金及利息。法院一审判决葛某偿还借款本金10万元，未支持黄某关于利息的主张。黄某对法院判决不满，明明双方约定利息，法院却不认可。

律师解析

大多数民事案件实行两审终审制，一审判决并非立即生效，如果当事人不服法院判决，可以在上诉期内提出上诉。对一审判决的上诉期为15天，自当事人收到判决书的次日起计算。当事人提出上诉的，应当向原审法院（即作出一审判决的法院）递交书面上诉状，并按期交纳二审诉讼费。

法律依据

《中华人民共和国民事诉讼法》

第一百六十四条　当事人不服地方人民法院第一审判决的，有权在判决书送达之日起十五日内向上一级人民法院提起上诉。

当事人不服地方人民法院第一审裁定的，有权在裁定书送达之日起十日内向上一级人民法院提起上诉。

第一百六十六条　上诉状应当通过原审人民法院提出，并按照对方当事人或者代表人的人数提出副本。

当事人直接向第二审人民法院上诉的，第二审人民法院应当在五日内将上诉状移交原审人民法院。

4. 法官态度不好，可以申请回避吗?

典型案例

在曹某和公司的劳动争议纠纷案件中，法官组织双方进行庭前调解，曹某感觉法官对自己很不耐烦，多次打断自己不让继续发言，而对公司一方却很和善，还压低金额进行调解。曹某认为法官对自己态度不好，向法院提出申请回避。

律师解析

如果法官与案件本身,或者本案的当事人、诉讼代理人及其近亲属有利害关系，或者有其他可能影响对案件公正审理的情形时，当事人可申请审判人员回避。在庭审过程中，法官为保证庭审效率，对于与案件事实无关的问题，会打断当事人的发言，引导其陈述与案件相关的事实。而案例中曹某认为法官打断自己的发言是针对自己，对自己态度不好，不属于法定回避理由。

法律依据

《中华人民共和国民事诉讼法》

第四十四条 审判人员有下列情形之一的，应当自行回避，当事人有权用口头或者书面方式申请他们回避:

（一）是本案当事人或者当事人、诉讼代理人近亲属的;

（二）与本案有利害关系的;

（三）与本案当事人、诉讼代理人有其他关系，可能影响对案件公正审理的。

审判人员接受当事人、诉讼代理人请客送礼，或者违反规定会见当事人、诉讼代理人的，当事人有权要求他们回避。

审判人员有前款规定的行为的，应当依法追究法律责任。

前三款规定，适用于书记员、翻译人员、鉴定人、勘验人。

5. 什么是原告就被告?

典型案例

林欣原在某公司做兼职，离职后回到老家，可该公司并未向其支付最后一个月的工资，该公司称其是提前离职，没干满一个月不发工资。林欣咨询律师得知，其与公司属于劳务关系，若起诉索要拖欠的工资，须到公司所在地的法院起诉。林欣觉得这很不合理，本来钱数不多，加上往返路费很不值当。

律师解析

“原告就被告”是民事诉讼地域管辖的基本原则，即当事人提起民事诉讼，应到被告住所地的法院起诉。这样规定一方面是考虑被告住所地法院便于向当事人送达文书，利于调查被告的财产状况，也便于进行被告财产、证据的保全和案件执行；另一方面也防止原告滥用诉权，给被告造成不必要的损失。但并非所有案件都需要到被告所在地起诉，如合同纠纷案件，合同履行地法院也有管辖权；侵权纠纷案件，侵权行为地法院亦有管辖权。

法律依据

《中华人民共和国民事诉讼法》

第二十一条　对公民提起的民事诉讼，由被告住所地人民法院管辖；被告住所地与经常居住地不一致的，由经常居住地人民法院管辖。

对法人或者其他组织提起的民事诉讼，由被告住所地人民法院管辖。

同一诉讼的几个被告住所地、经常居住地在两个以上人民法院辖区的，各该人民法院都有管辖权。

6. 夫妻双方都不在老家，起诉离婚应该到哪个法院？

典型案例

阿华和小美经人介绍相识、结婚。结婚后没多久二人均外出打工，两人打工的地方虽相聚不远，但平时工作繁忙，且阿华的工作地点还经常变动，两人聚少离多，只有节假日才能见面。因长期分居两地，时间长了感情出现裂痕，小美提出离婚，但阿华不同意，小美便准备起诉离婚。

律师解析

若小美起诉离婚，则由阿华居住地的法院管辖。案例中二人均离开老家，长期在外打工居住，再由户籍地法院管辖既增加当事人的诉讼成本，也不利于查清事实。但因阿华打工是跟随工作岗位更换居住地点，尚未在当地居住满一年，没有经常居住地，故小美应当在当前阿华居住地点的法院起诉。

法律依据

《最高人民法院关于适用〈中华人民共和国民事诉讼法〉的解释》

第十二条 夫妻一方离开住所地超过一年，另一方起诉离婚的案件，可以由原告住所地人民法院管辖。

夫妻双方离开住所地超过一年，一方起诉离婚的案件，由被告经常居住地人民法院管辖；没有经常居住地的，由原告起诉时被告居住地人民法院管辖。

7. 发生交通事故后，受害人应向哪个法院起诉？

典型案例

郑凯驾车行至北京市朝阳区东四环四惠桥处，突遇刘强驾车进入主路，发生交通事故，因刘强未避让主路行驶的车辆，负事故全部责任。刘强是从上海来北京旅游的，等郑凯定损修车后刘强已经返回上海，现双方无法就赔偿数额协商一致，郑凯准备到法院起诉。但刘强已不在北京，郑凯必须要到上海去起诉吗？可以直接在北京起诉吗？

律师解析

本案中，郑凯可以就损失赔偿问题到北京市朝阳区人民法院起诉。因发生交通事故产生的赔偿纠纷属于侵权纠纷的一种，对于侵权纠纷案件的管辖问题法律作了特别规定。当事人对于侵权行为提起诉讼的，除可以向被告所在地法院起诉外，还可以向侵权行为地法院起诉。刘强的住所地为上海，而事故发生在北京市朝阳区四惠桥，故郑凯可以向北京市朝阳人民法院起诉。

法律依据

《中华人民共和国民事诉讼法》

第二十八条 因侵权行为提起的诉讼，由侵权行为地或者被告住所地人民法院管辖。

《最高人民法院关于适用〈中华人民共和国民事诉讼法〉的解释》

第二十四条 民事诉讼法第二十八条规定的侵权行为地，包括侵权行为实施地、侵权结果发生地。

8. 在法院起诉后能否撤诉？

典型案例

潘某和蔡某是同村村民，两家的宅基地相邻，因蔡某家新盖的房子离潘某家太近，下雨时滴水到潘某院中，两人发生纠纷，潘某起诉至法院要求蔡某改造房檐、排除妨碍。经法院调解，蔡某同意对房屋进行改造，消除对潘某的影响，潘某也表示谅解，其可以撤回起诉吗？

律师解析

当事人到法院起诉后并不等于双方撕破脸，目的在于解决问题，若起诉后双方对争议事项能够协商一致，双方达成和解，原告可以申请撤诉。案例中潘某和蔡某对于该纠纷协商一致，潘某提出撤诉，不违反法律规定，法院应当准许。此外，案件在二审阶段时，当事人和解的，也可以撤诉。

法律依据

《中华人民共和国民事诉讼法》

第一百四十五条 宣判前，原告申请撤诉的，是否准许，由人民法院裁定。

人民法院裁定不准许撤诉的，原告经传票传唤，无正当理由拒不到庭的，可以缺席判决。

《最高人民法院关于适用〈中华人民共和国民事诉讼法〉的解释》

第三百三十九条 当事人在第二审程序中达成和解协议的，人民法院可以根据当事人的请求，对双方达成的和解协议进行审查并制作调解书送达当事人；因和解而申请撤诉，经审查符合撤诉条件的，人民法院应予准许。

9. 当事人不能提供证据该怎么办?

典型案例

王某因丈夫张某出轨起诉离婚，在财产处理上，王某主张分割张某名下的存款和股票，但因其没有张某的银行卡和股票的账号，银行及证券公司均不能提供张某的交易信息，王某不能提供相应的证据，其应如何证明相关财产状况？

律师解析

民事诉讼以“谁主张、谁举证”为原则，即当事人应当对自己提出的主张、请求提供证据，如果不能举证证明自己的主张，则需承担败诉风险。但如案例中被告的银行账户信息，因涉及个人隐私，银行不向他人提供客户的账户信息，此时当事人无法获取相关证据。对于当事人因客观原因无法自行收集的证据，可以申请法院调查取证。

法律依据

《中华人民共和国民事诉讼法》

第六十四条　当事人对自己提出的主张，有责任提供证据。

当事人及其诉讼代理人因客观原因不能自行收集的证据，或者人民法院认为审理案件需要的证据，人民法院应当调查收集。

人民法院应当按照法定程序，全面地、客观地审查核实证据。

10. 未成年人可以到法院起诉吗?

典型案例

余某和钱某均为未成年人，课间休息时两人因互相打闹发生口角，后钱某突然拿杯子扔向余某，余某躲闪不及被杯子砸到面部，导致门牙折断。事后双方无法就后续治疗及赔偿问题达成一致，余某家长准备通过诉讼解决。但余某尚未成年，其能到法院起诉吗?

律师解析

公民可以作为民事诉讼的当事人，这里并不区分公民是否已经成年。余某是本案的受害人，其与案件有直接利害关系，可以作为原告提起侵权赔偿诉讼。但因余某尚未成年，不具有诉讼行为能力，应由其监护人（通常为父母）作为法定代理人代为诉讼。

法律依据

《中华人民共和国民事诉讼法》

第四十八条 公民、法人和其他组织可以作为民事诉讼的当事人。

法人由其法定代表人进行诉讼。其他组织由其主要负责人进行诉讼。

第五十七条 无诉讼行为能力人由他的监护人作为法定代理人代为诉讼。法定代理人之间互相推诿代理责任的，由人民法院指定其中一人代为诉讼。

11. 偷拍偷录的视频能否做证据使用？

典型案例

陈某无意中看到丈夫张某的手机中有和其他异性的亲密对话，看到某旅行App中有张某和他人共同出游的订单，怀疑张某出轨，便请私家侦探跟踪调查。经侦探调查发现，张某带小三开房，并偷录下开房视频。陈某认为自己收集的张某开房记录、录音视频等证据能够证明丈夫出轨，遂向法院提起离婚诉讼，并主张多分财产。

律师解析

手机或者电脑等电子设备中存储的文档、音频、视频等文件属于电子数据，是法定的证据形式之一，可以作为证据使用。当事人在收集证据时应当使用合法手段，不能自行收集的，可以申请法院调取，不能采用侵害他人隐私、违反公序良俗的方式获取证据。案例中陈某采用偷拍偷录的方式，拍摄张某和小三开房的视频，严重侵犯他人合法权益、违背公序良俗，故该视频文件不能作为认定事实的依据。

法律依据

《最高人民法院关于适用〈中华人民共和国民事诉讼法〉的解释》

第一百零六条　对以严重侵害他人合法权益、违反法律禁止性规定或者严重违背公序良俗的方法形成或者获取的证据，不得作为认定案件事实的根据。

12. 微信聊天记录可以作为证据吗？

典型案例

郑某和王某是朋友，王某向郑某借款 1 万元，但一直没有还钱，郑某准备通过诉讼要回借款。但借款时两人没有写借条，只是王某通过微信给郑某发消息提出要借 1 万块钱，郑某也是通过微信向其转账。微信聊天记录可以作为证据吗？

律师解析

诉讼中，当事人应当对自己的主张提供相应的证据。郑某起诉王某要求还钱，则应当举证证明双方之间存在借款关系。虽然双方在借款时没有写书面借条，但通过两人的微信聊天记录，可以反映出王某向郑某借款 1 万元，及郑某通过微信转账给王某款项的事实。微信聊天记录属于电子数据，是证据的法定种类之一，因此可以作为证据使用。

法律依据

《最高人民法院关于民事诉讼证据的若干规定》

第十四条　电子数据包括下列信息、电子文件：

（一）网页、博客、微博客等网络平台发布的信息；

（二）手机短信、电子邮件、即时通信、通讯群组等网络应用服务的通信信息；

（三）用户注册信息、身份认证信息、电子交易记录、通信记录、登录日志等信息；

（四）文档、图片、音频、视频、数字证书、计算机程序等电子文件；

（五）其他以数字化形式存储、处理、传输的能够证明案件事实的信息。

13. 经法院调解达成的协议具有法律效力吗？

典型案例

顾某将房屋出租给中介公司，中介公司按约定每月向顾某支付租金，而中介公司可将房屋再进行出租。因房屋一直没租出去，中介公司降价对外出租，并向顾某提出要降租金，顾某不同意。此后中介公司便拒绝支付租金，于是顾某起诉解除合同。庭审中经法院调解，双方同意和解，并签订调解协议，但顾某担心该调解协议是否有法律效力。

律师解析

在诉讼过程中，法院可以主持调解，如果双方就争议事项协商一致，自愿达成和解协议的，法院可以根据当事人协商的内容出具调解书，调解书经双方签字或盖章后生效，并且同法院判决书一样具有强制执行力。若和解后一方不履行义务，另一方可向法院申请执行。而且经调解结案的，调解书在双方签收后立即生效，且当事人不能再上诉。

法律依据

《中华人民共和国民事诉讼法》

第九十七条 调解达成协议，人民法院应当制作调解书。调解书应当写明诉讼请求、案件的事实和调解结果。

调解书由审判人员、书记员署名，加盖人民法院印章，送达双方当事人。

调解书经双方当事人签收后，即具有法律效力。

14. 法院判决不准离婚后还能再次起诉吗？

典型案例

陈某和张某结婚后不久便经常吵架，矛盾不断，陈某提出离婚，但张某不同意，只能向法院起诉要求判决离婚。但法院经审理认为，张某不同意离婚，并表示愿意改正自身错误，双方感情并未破裂，不准予离婚，驳回了陈某的诉讼请求。法院判决不准离婚该怎么办，陈某还可以再起诉离婚吗？

律师解析

法院审理离婚案件时，如夫妻双方均同意离婚，或者审理查明双方感情确已破裂，则会判决双方离婚。案例中陈某和张某结婚时间比较短，张某不同意离婚，并表示愿意改变自己的问题，法院认为双方还有和好的可能，判决不准离婚。如果法院判决后双方的关系没有改善，陈某还坚持起诉离婚的，可以在6个月后再次起诉。

法律依据

《中华人民共和国民事诉讼法》

第一百二十四条　人民法院对下列起诉，分别情形，予以处理：

……

（七）判决不准离婚和调解和好的离婚案件，判决、调解维持收养关系的案件，没有新情况、新理由，原告在六个月内又起诉的，不予受理。

15. 起诉时怎样防止对方转移财产?

典型案例

周某长期在国外工作，打算在国外定居，便委托朋友于某帮助出售其在国内的房产。房屋卖出后，于某并未告知周某，而是将500万房款用于自己投资。周某出差回国时，发现房子已经有他人居住，才得知已经出售，随后找于某索要房款未果，无奈到法院起诉。但是，周某担心于某将款项转移导致不能清偿，其能否申请法院先冻结于某的账户？

律师解析

若因对方当事人有企图转移财产的行为或者其他原因，可能使判决难以执行时，当事人可以向人民法院申请财产保全，由法院对相关财产采取查封、扣押、冻结等措施，以此来防止对方转移财产。周某若担心于某转移财产，可以向法院申请进行财产保全，由法院查封于某名下的房产或者冻结其银行账户。若情况紧急，周某也可以在起诉前申请财产保全，并在法院采取保全措施后30日内提起诉讼。

法律依据

《中华人民共和国民事诉讼法》

第一百条 人民法院对于可能因当事人一方的行为或者其他原因，使判决难以执行或者造成当事人其他损害的案件，根据对方当事人的申请，可以裁定对其财产进行保全、责令其作出一定行为或者禁止其作出一定行为；当事人没有提出申请的，人民法院在必要时也可以裁定采取保全措施。

人民法院采取保全措施，可以责令申请人提供担保，申请人不提供担保的，裁定驳回申请。

人民法院接受申请后，对情况紧急的，必须在四十八小时内作出裁定；裁定采取保全措施的，应当立即开始执行。

第一百零一条　利害关系人因情况紧急，不立即申请保全将会使其合法权益受到难以弥补的损害的，可以在提起诉讼或者申请仲裁前向被保全财产所在地、被申请人住所地或者对案件有管辖权的人民法院申请采取保全措施。申请人应当提供担保，不提供担保的，裁定驳回申请。

人民法院接受申请后，必须在四十八小时内作出裁定；裁定采取保全措施的，应当立即开始执行。

申请人在人民法院采取保全措施后三十日内不依法提起诉讼或者申请仲裁的，人民法院应当解除保全。

16. 法院在什么情况下可以中止审理案件？

典型案例

两年前，赵某借给韩某 10 万元用于经营周转，借款到期后未能如期偿还。赵某只能向法院起诉韩某，要求其偿还借款。在诉讼过程中，韩某因病去世没有到庭，法院便中止审理此案。赵某对此不理解，认为其持有借条和转账凭证，关系清晰，法院可以缺席审判，不应该中止诉讼。

律师解析

在赵某与韩某的民间借贷纠纷案件审理中，韩某突然因病去世，且没有委托诉讼代理人，不能继续参与庭审。这一情况不属于被告无正当理由拒不到庭，为保障当事人的诉讼权利，法院不能够缺席判决。在此情形下，法院应当中止审理，等待韩某的继承人表明是否参加诉讼。

法律依据

《中华人民共和国民事诉讼法》

第一百五十条 有下列情形之一的，中止诉讼：

（一）一方当事人死亡，需要等待继承人表明是否参加诉讼的；

（二）一方当事人丧失诉讼行为能力，尚未确定法定代理人的；

（三）作为一方当事人的法人或者其他组织终止，尚未确定权利义务承受人的；

（四）一方当事人因不可抗拒的事由，不能参加诉讼的；

（五）本案必须以另一案的审理结果为依据，而另一案尚未审结的；

（六）其他应当中止诉讼的情形。

中止诉讼的原因消除后，恢复诉讼。

17. 民事诉讼的“一事不再理”是什么意思？

典型案例

王鹏骑车时被张衡驾驶的机动车撞倒受伤，因双方未能就赔偿数额达成一致，王鹏到法院起诉要求张衡赔偿医疗费、营养费、误工费、电动车损失等费用，后法院判决张衡向王鹏支付医疗费、误工费等费用。判决生效后，王鹏想起来还应该要求对方赔偿精神损失，遂再次起诉，但法院告知其已经起诉过一次，根据一事不再理的原则不再受理。

律师解析

“一事不再理”是民事诉讼的基本原则之一。在立案阶段，如果已经向法院起诉后再重新起诉的，法院不予受理。一个案件经法院审理，在判决生效之后，产生既判力，如果没有新的事实，当事人不得就双方争议的法律关系再行起诉。案例中王鹏因赔偿问题起诉，并已经法院判决，在判决生效后就同一问题不能再次起诉。

法律依据

《中华人民共和国民事诉讼法》

第一百二十四条 人民法院对下列起诉，分别情形，予以处理：

……

（六）依照法律规定，在一定期限内不得起诉的案件，在不得起诉的期限内起诉的，不予受理；

……

《最高人民法院关于适用〈中华人民共和国民事诉讼法〉的解释》

第二百四十七条 当事人就已经提起诉讼的事项在诉讼过程中或者裁判生效后再次起诉，同时符合下列条件的，构成重复起诉：

（一）后诉与前诉的当事人相同；

（二）后诉与前诉的诉讼标的相同；

（三）后诉与前诉的诉讼请求相同，或者后诉的诉讼请求实质上否定前诉裁判结果。

当事人重复起诉的，裁定不予受理；已经受理的，裁定驳回起诉，但法律、司法解释另有规定的除外。

18. 被告可以提出反诉吗？

典型案例

林某将房屋出租给朱某经营服装。某日，林某路过此地，看到该房屋并非朱某使用，后了解得知朱某因生意不好将房屋转租给唐某。因朱某擅自转租房屋未征得林某同意，林某遂将其诉至法院，要求解除房屋租赁合同。法院受理后，朱某提出反诉，要求林某赔偿损失。

律师解析

反诉是指在一个正在进行的民事诉讼程序（此为本诉）中，被告对原告提起的诉讼，此时本诉被告为反诉原告，本诉原告为反诉被告。反诉是一个独立的诉讼，但与本诉存在牵连，反诉与本诉的诉讼请求基于相同法律关系、诉讼请求之间具有因果关系，或者反诉与本诉的诉讼请求基于相同事实。案例中林某起诉解除合同，朱某提出赔偿损失，都是基于房屋租赁合同关系。

法律依据

《中华人民共和国民事诉讼法》

第五十一条 原告可以放弃或者变更诉讼请求。被告可以承认或者反驳诉讼请求，有权提起反诉。

《最高人民法院关于适用〈中华人民共和国民事诉讼法〉的解释》

第二百三十三条 反诉的当事人应当限于本诉的当事人的范围。

反诉与本诉的诉讼请求基于相同法律关系、诉讼请求之间具有因果关系，或者反诉与本诉的诉讼请求基于相同事实的，人民法院应当合并审理。

反诉应由其他人民法院专属管辖，或者与本诉的诉讼标的及诉讼请求所依据的事实、理由无关联的，裁定不予受理，告知另行起诉。

19. 刑事案件可以自己到法院起诉吗?

典型案例

陆某和陈某离婚后，与李某结婚。陈某认为李某是小三，破坏自己的家庭，就在网上散布谣言，请人撰写文章对李某进行攻击、谩骂，还发布陈某和陆某的亲密视频。李某因此受到很大影响，要求陈某删除帖子并赔礼道歉，未果，遂打算起诉追究其刑事责任。

律师解析

多数刑事案件由侦查机关侦查、检察机关提起公诉，而对于部分社会危害性小的犯罪，法律将追诉权赋予被害人行使，被害人可以自行决定是否向法院起诉，追究犯罪人的刑事责任。案例中陈某捏造事实，在网上发布李某的相关影像资料，对李某进行人身攻击、谩骂，公然侮辱、诽谤陈某，已涉嫌侮辱罪、诽谤罪。而这两项罪名属于告诉才处理的案件，当事人可以向人民法院提起刑事自诉。

法律依据

《中华人民共和国刑事诉讼法》

第二百一十条 自诉案件包括下列案件：

（一）告诉才处理的案件；

（二）被害人有证据证明的轻微刑事案件；

（三）被害人有证据证明对被告人侵犯自己人身、财产权利的行为应当依法追究刑事责任，而公安机关或者人民检察院不予追究被告人刑事责任的案件。

《中华人民共和国刑法》

第二百四十六条 【侮辱罪、诽谤罪】以暴力或者其他方法公然侮辱他人或者捏造事实诽谤他人，情节严重的，处三年以下有期徒刑、拘役、管制或者剥夺政治权利。

前款罪，告诉的才处理，但是严重危害社会秩序和国家利益的除外。

通过信息网络实施第一款规定的行为，被害人向人民法院告诉，但提供证据确有困难的，人民法院可以要求公安机关提供协助。

20. 刑事案件请不起律师怎么办？

典型案例

闫强是聋哑人，其所在的公司实际从事放贷业务，经公安机关调查认为公司存在非法经营、非法吸收公众存款等情形。公安机关认为闫强也参与了公司非法经营活动，涉嫌犯罪，移送检察机关对相关人员提起公诉。闫强没钱请律师，认为自己只是打工的，没有犯罪，自己辩护即可。那么，刑事案件是否必须请律师？

律师解析

刑事案件中犯罪嫌疑人、被告人可以自己行使辩护权，也可以委托律师作为辩护人，是否委托辩护人是当事人的权利，并不强制。如果犯罪嫌疑人、被告人因经济困难没有委托辩护人的，可以向法律援助机构提出申请，符合条件的由法律援助机构指派律师为其辩护。对于特殊犯罪嫌疑人、被告人，如果其没有委托辩护人，人民法院、人民检察院和公安机关应当通知法律援助机构指派律师为其提供辩护。

法律依据

《中华人民共和国刑事诉讼法》

第三十五条 犯罪嫌疑人、被告人因经济困难或者其他原因没有委托辩护人的，本人及其近亲属可以向法律援助机构提出申请。对符合法律援助条件的，法律援助机构应当指派律师为其提供辩护。

犯罪嫌疑人、被告人是盲、聋、哑人，或者是尚未完全丧失辨认或者控制自己行为能力的精神病人，没有委托辩护人的，人民法院、人民检察院和公安机关应当通知法律援助机构指派律师为其提供辩护。

犯罪嫌疑人、被告人可能被判处无期徒刑、死刑，没有委托辩护人的，人民法院、人民检察院和公安机关应当通知法律援助机构指派律师为其提供辩护。

21. 哪些犯罪嫌疑人可以申请取保候审？

典型案例

吕某驾驶机动车与前方骑自行车的苏某相撞，致苏某死亡，经交管部门认定吕某负事故的主要责任，吕某因涉嫌交通肇事罪被刑拘。后吕某积极赔偿并取得受害人家属的谅解，经吕某家属申请，公安机关对其变更采用取保候审的强制措施。

律师解析

取保候审是刑事强制措施之一，即提供担保，让被告人在监外等待案件处理。办理刑事案件的过程中，人民法院、人民检察院和公安机关根据案件情况，考虑可能判处的刑罚、社会危害性及身体健康等因素，决定是否对嫌疑人、被告人取保候审。案例中吕某认罪态度良好，并取得受害人家属谅解，社会危害性低，故公安机关决定对其采取取保候审。

法律依据

《中华人民共和国刑事诉讼法》

第六十七条　人民法院、人民检察院和公安机关对有下列情形之一的犯罪嫌疑人、被告人，可以取保候审：

（一）可能判处管制、拘役或者独立适用附加刑的；

（二）可能判处有期徒刑以上刑罚，采取取保候审不致发生社会危险性的；

（三）患有严重疾病、生活不能自理，怀孕或者正在哺乳自己婴儿的妇女，采取取保候审不致发生社会危险性的；

（四）羁押期限届满，案件尚未办结，需要采取取保候审的。

取保候审由公安机关执行。

22. 嫌疑人被逮捕后家属可以随时会见吗?

典型案例

郭伟在和朋友吃饭时与他人发生争执，将对方打伤，因涉嫌故意伤害罪被刑事拘留。郭伟的家人收到他被拘留的通知后很着急，想要见他了解情况，却被办案机关拒绝，被告知案件正在侦查，家属不能够会见。犯罪嫌疑人被拘留后谁可以会见，家属什么时候可以会见?

律师解析

辩护律师可以会见在押的犯罪嫌疑人、被告人，其他辩护人进行会见须经人民法院、人民检察院许可。在经法院、检察院许可后，家属可以作为辩护人会见在押的嫌疑人、被告人。但在案件侦查阶段，只能委托律师作为辩护人，其他辩护人会见的许可部门不包括负责案件侦查的公安机关，故在案件侦查阶段只能由律师进行会见。待案件宣判后，在服刑阶段，亲属、监护人可以进行会见。

法律依据

《中华人民共和国刑事诉讼法》

第三十四条第一款 犯罪嫌疑人自被侦查机关第一次讯问或者采取强制措施之日起，有权委托辩护人；在侦查期间，只能委托律师作为辩护人。被告人有权随时委托辩护人。

第三十九条 辩护律师可以同在押的犯罪嫌疑人、被告人会见和通信。其他辩护人经人民法院、人民检察院许可，也可以同在押的犯罪嫌疑人、被告人会见和通信。

辩护律师持律师执业证书、律师事务所证明和委托书或者法律援助公函要求会见在押的犯罪嫌疑人、被告人的，看守所应当及时安排会见，至迟不得超过四十八小时。

危害国家安全犯罪、恐怖活动犯罪案件，在侦查期间辩护律师会见在押的犯罪嫌疑人，应当经侦查机关许可。上述案件，侦查机关应当事先通知看守所。

辩护律师会见在押的犯罪嫌疑人、被告人，可以了解案件有关情况，提供法律咨询等；自案件移送审查起诉之日起，可以向犯罪嫌疑人、被告人核实有关证据。辩护律师会见犯罪嫌疑人、被告人时不被监听。

辩护律师同被监视居住的犯罪嫌疑人、被告人会见、通信，适用第一款、第三款、第四款的规定。

23. 民告官可以要求“一把手”出庭吗？

典型案例

刘某经营一家保健品公司，市场监督管理局认为其发布的广告违法，对刘某公司处以10万元罚款。刘某不服处罚，认为其发布广告不存在违法行为，遂向法院提起行政诉讼，要求相关部门的领导出庭对处罚依据做出解释。

律师解析

“民告官”即行政诉讼案件，根据法律规定，被诉行政机关的负责人应当出庭应诉，包括行政机关的正职、副职负责人，参与分管被诉行政行为实施工作的副职级别的负责人以及其他参与分管的负责人。如行政机关相关负责人无正当理由拒不到庭或未经法庭许可中途退庭的，由法院向被诉行政机关的上级机关、监察机关提出给予相关负责人处分的司法建议。

法律依据

《中华人民共和国行政诉讼法》

第三条 人民法院应当保障公民、法人和其他组织的起诉权利，对应当受理的行政案件依法受理。

行政机关及其工作人员不得干预、阻碍人民法院受理行政案件。

被诉行政机关负责人应当出庭应诉。不能出庭的，应当委托行政机关相应的工作人员出庭。

《最高人民法院关于行政机关负责人出庭应诉若干问题的规定》

第八条 有下列情形之一的，属于行政诉讼法第三条第三款规定的行政机关负责人不能出庭的情形：

（一）不可抗力；

（二）意外事件；

（三）需要履行他人不能代替的公务；

（四）无法出庭的其他正当事由。

第二篇　婚姻家庭

24. 办过婚礼未领结婚证，能继承对方的遗产吗？

典型案例

小甜和男朋友小强是大学同学，两人相恋 5 年，于两年前举办了一场盛大而隆重的婚礼，婚后不久两人生育了一个女儿，但是一直没有办理结婚登记手续。2020 年 5 月份，小强因车祸去世了，留有一定的存款和一栋户名是他的房子，而且小强的父母还健在。那么小甜和小强是合法夫妻吗？小甜和女儿能不能继承他的遗产？

律师解析

法律规定结婚的男女双方必须亲自到婚姻登记机关进行结婚登记，取得结婚证后确立夫妻关系，未办理结婚登记的，应当补办登记。小甜和小强虽然办了婚礼，又有了孩子，却只能认定是同居关系。关于继承遗产问题，小甜女儿作为非婚生子女和小甜的公婆是法定第一顺序的继承人，可以继承小甜丈夫的遗产。而小甜不是小强的合法配偶，所以不是法定的第一顺序继承人，但小甜作为与丈夫小强共同生活对他扶养较多的人，可以适当分得遗产。

法律依据

《中华人民共和国民法典》

第一千零四十九条　要求结婚的男女双方应当亲自到婚姻登记机关申请结婚

登记。符合本法规定的，予以登记，发给结婚证。完成结婚登记，即确立婚姻关系。未办理结婚登记的，应当补办登记。

第一千一百二十七条 遗产按照下列顺序继承：

（一）第一顺序：配偶、子女、父母；

（二）第二顺序：兄弟姐妹、祖父母、外祖父母。

继承开始后，由第一顺序继承人继承，第二顺序继承人不继承；没有第一顺序继承人继承的，由第二顺序继承人继承。

本编所称子女，包括婚生子女、非婚生子女、养子女和有扶养关系的继子女。

本编所称父母，包括生父母、养父母和有扶养关系的继父母。

本编所称兄弟姐妹，包括同父母的兄弟姐妹、同父异母或者同母异父的兄弟姐妹、养兄弟姐妹、有扶养关系的继兄弟姐妹。

第一千一百三十一条 对继承人以外的依靠被继承人扶养的人，或者继承人以外的对被继承人扶养较多的人，可以分给适当的遗产。

25. 双方同居但未领证，分手应当退彩礼吗？

典型案例

岳某（男）与崔某（女）于 2018 年 3 月相识并建立了恋爱关系，同年 9 月举办订婚仪式并开始同居，按照当地习俗，岳某在订婚仪式上给付崔某彩礼共计 13 万余元。两人同居一段时间后，发现双方性格不合，产生了矛盾，遂于 2018 年年底双方正式提出了分手。原告岳某要求崔某返还彩礼，因协商未果，故诉至法院。

律师解析

虽然婚约在法律上不受保护，但因婚约所给付的彩礼在解除婚约时原则上应依法予以返还，彩礼可以看成是男女双方以结婚为目的的一种赠与行为，但该赠与是一种附条件的赠与，彩礼款返还数额应根据婚约双方是否已登记结婚、共同生活时间、彩礼款支出情况、经济承受能力等因素来确定。对于这类案件，法官一般都会耐心调解，做双方当事人的工作，毕竟双方都有不同程度的付出，以调解处理财产问题为宜，实在调解不成就只能依法判决。

法律依据

《最高人民法院关于适用〈中华人民共和国民法典〉婚姻家庭编的解释（一）》

第五条　当事人请求返还按照习俗给付的彩礼的，如果查明属于以下情形，人民法院应当予以支持：

（一）双方未办理结婚登记手续；

（二）双方办理结婚登记手续但确未共同生活；

（三）婚前给付并导致给付人生活困难。

适用前款第二项、第三项的规定，应当以双方离婚为条件。

26. 恋爱期间送的礼物，分手后能要回吗？

典型案例

大壮和小美2018年经人介绍相识后坠入爱河，彼此见过了父母，也商议了婚期。一日，小美向大壮提及其父母想在海滨城市购置房屋，但目前还差50余万元。大壮听后表示自己手头还算宽裕，就当作是给“岳父岳母”的礼物，随即给小美转账52万元，小美满心欢喜，连声道“谢谢老公”。2018年10月，大壮发现小美与小哲的暧昧聊天信息，两人因此吵得不可开交，继而结束了恋爱关系。大壮要求小美返还52万元的购房款，小美认为这是大壮自愿赠与给自己的钱款，拒绝返还。双方多次协商未果，大壮诉至法院。

律师解析

男女恋爱互赠礼物是常事，分手后要求退还也很常见，恋爱期间的小额财物赠与或者日常消费支出，比如“520微信红包”、纪念日小礼物等，一般应认为是维系感情的必要支出或系双方的共同消费，不应当要求返还。而恋爱期间男女双方发生的大额财物赠与不同于合同法上的一般赠与，也不同于按照习俗给付彩礼的行为，其系基于双方恋人关系而发生，往往是一方基于结婚为目的，该赠与行为可以视为一种附条件的赠与。当双方无法缔结婚姻关系或恋爱关系解除时，赠与财物一方的赠与目的则无法实现，因此赠与一方有权要求对方返还财物，此亦符合民事活动中的公平原则。

法律依据

《中华人民共和国民法典》

第六百五十八条 赠与人在赠与财产的权利转移之前可以撤销赠与。

经过公证的赠与合同或者依法不得撤销的具有救灾、扶贫、助残等公益、道德义务性质的赠与合同，不适用前款规定。

27. 同居期间买的房，分手后归谁?

典型案例

来自安徽的小鹃在徐州打工期间遇到了小刚，两人很快就陷入爱河，双方协商贷款购买一处房产作为二人住所，并将房产登记在两人名下。小刚与小鹃以夫妻名义同居生活，但未办理结婚登记。此后多年，双方相处得一直不错。小刚打算出资给与前妻所生的儿子小宇买房，这事惹恼了小鹃，双方大闹一场，小鹃搬走，双方10年同居关系解除，从此分手。小鹃认为，之前与小刚贷款购买的房屋登记在自己名下，应当归自己所有， 一气之下，小鹃诉至法院，要求依法判令涉案房屋归自己所有。

律师解析

根据法律的相关规定，该房屋登记在两人的名下，属于同居期间的共同所有。

至于具体如何分割，主要参考两人对该房屋的贡献。同居关系析产纠纷一般的分割原则是按照出资份额计算出资与升值部分，应结合其他证据综合考虑，比如双方的收入情况，双方同居生活时间、共同抚养子女、共同还房贷等。房子登记在两人名下，应当为共同共有，在不能确定共有份额时，贷款及增值部分应当按照共同共有来处理。

法律依据

最高人民法院《关于人民法院审理未办结婚登记而以夫妻名义同居生活案件的若干意见》

10. 解除非法同居关系时，同居生活期间双方共同所得的收入和购置的财产，按一般共有财产处理……

28. 恋爱期间怀孕，能让对方承担责任吗？

典型案例

小玉和李某在中国一家实名制婚恋网相识，李某在网上的信息是单身，两人在为期一年的交往中，李某始终称自己离异。小玉在以结婚为目的的前提下和李某同居，并且为其怀孕、流产。当小玉发现李某并未离婚后，精神受创，将其起诉至法院，要求李某向她出具书面致歉信，并赔偿医疗费、精神损害抚慰金等 30 余万元。

律师解析

当下通信工具快速发展，人们线上线下的活动也越来越频繁，一部分已婚男士伪装未婚欺骗女士同居发生性行为导致怀孕的现象屡见不鲜，也有男士以爱情的名义骗色，这种欺骗的行为会使女士错误地处分自己的性权利。小玉因在李某的欺骗行为下错误地处分了自己的性权利而抑郁，李某恶意长期隐瞒其已婚事实，原告得知实情后精神上备受打击，该行为明显有悖于社会公德及公序良俗，亦有失诚实信用的道德准则，李某的行为侵害了小玉人格权中的性权利，应当承担侵权责任。即便是分手后，女方生的是李某的孩子，李某也因此对孩子有了法律上的抚养义务。法定抚养义务是法律规定的义务，是一个成年人必须要履行的义务。关于抚养权，2 周岁以下的幼儿一般会判归女方直接抚养，男方给付的抚养费参照收入的 20%~30%。同时，根据法律规定，非婚生子女同婚生子女在法律上是同等的地位。

法律依据

《中华人民共和国民法典》

第一千零七十一条 非婚生子女享有与婚生子女同等的权利，任何组织或者个人不得加以危害和歧视。不直接抚养非婚生子女的生父或者生母，应当负担未成年子女或者不能独立生活的成年子女的抚养费。

29. 离婚时可以让出轨一方“净身出户”吗？

典型案例

杨某与崔某甲经朋友介绍相识，不久登记结婚，婚后生育一女崔某丙，现已年满 10 周岁。双方婚后感情一般。近年来，双方因家庭琐事致使夫妻感情恶化，杨某还发现崔某甲搞婚外情，被发现后，崔某甲向杨某写下保证书：“我保证和那个女人断了联系，维护家庭的和谐与稳定，一旦因此离婚，我放弃所有财产，放弃女儿的抚养权。”同年，崔某甲外出打工。但杨某发现崔某甲并没有收敛，继续偷偷摸摸搞着婚外情，夫妻感情因此进一步恶化。在此期间，崔某甲只回过两次家。后杨某以夫妻关系名存实亡，夫妻感情完全破裂为由向法院起诉要求离婚，婚生女儿崔某丙由杨某抚养，由法院依法分割夫妻共同财产。

律师解析

崔某甲向妻子出具的保证书应该合法有效，夫妻共同财产可以全部判归妻子所有。认定此保证书有效，在一定程度上对维护家庭稳定，对不忠诚婚姻、有婚外情行为的夫妻一方也能起到一定的震慑作用。在这起案件中，崔某甲向妻子出具的保证书所约定的内容并未超出夫妻共有财产的范围，亦不违反法律的强制性规定，系崔某甲本人真实意愿表示，不存在受妻子胁迫的情形，可以认定为离婚财产分割的依据，且附条件而生效。

法律依据

《中华人民共和国民法典》

第一千零六十五条 男女双方可以约定婚姻关系存续期间所得的财产以及婚前财产归各自所有、共同所有或者部分各自所有、部分共同所有。约定应当采用书面形式。没有约定或者约定不明确的，适用本法第一千零六十二条、第一千零六十三条的规定。

夫妻对婚姻关系存续期间所得的财产以及婚前财产的约定，对双方具有法律约束力。

夫妻对婚姻关系存续期间所得的财产约定归各自所有，夫或者妻一方对外所负的债务，相对人知道该约定的，以夫或者妻一方的个人财产清偿。

30. 结婚后，婚前个人财产会变成夫妻共同财产吗？

典型案例

美丽和学东相爱5年登记结婚。当时，学东家为了给儿子结婚，特意在儿子结婚前新建了3间大瓦房，房子是以学东名义申请审批的手续。在结婚庆典上，男方父母也当着众人的面表示“房子是婚房，就是给儿子和儿媳的”。美丽并没有让公公婆婆或丈夫把承诺写下来，觉得那样显得自己太小气，反正法律有规定，过了几年就是共同财产。转眼20年过去了，男方起诉离婚，女方却没有得到房产。到底是什么原因？

律师解析

在2001年新的婚姻法以及司法解释出台前，在1993年最高人民法院确实出过一个意见，意见中规定“一方婚前个人所有的财产，婚后由双方共同使用、经营、管理的，房屋和其他价值较大的生产资料经过8年，贵重的生活资料经过4年，可视为夫妻共同财产”。按照当时的法律规定，女方在结婚8年后确实可以分到房产，但因法律已经修改，故只能适用现在的法律规定。现如今，很多农村人结婚依旧还是会承诺给房子、地等，如果只是口头承诺，并没有写在协议上，那么是没有效力的。如果美丽结婚时让公婆和丈夫写个约定，再让媒人签字做证，那该房子就属于赠与了，在离婚时美丽是可以分到的。

法律依据

《中华人民共和国民法典》

第一千零六十三条 下列财产为夫妻一方的个人财产：

（一）一方的婚前财产；

（二）一方因受到人身损害获得的赔偿或者补偿；

（三）遗嘱或者赠与合同中确定只归一方的财产；

（四）一方专用的生活用品；

其他应当归一方的财产。

《最高人民法院关于适用〈中华人民共和国民法典〉婚姻家庭编的解释（一）》

第三十一条 民法典第一千零六十三条规定为夫妻一方的个人财产，不因婚姻关系的延续而转化为夫妻共同财产。但当事人另有约定的除外。

31. 法院判决离婚后还用去领离婚证吗?

典型案例

小宇和小晨结婚两年后因为性格不合去法院离了婚，因为是调解离婚，各自分别拿到了离婚调解书。小宇想约小晨再去民政局办理离婚证，可小晨不配合，说这事跟自己已经没关系。小宇有些不解，便到律师事务所咨询律师。

律师解析

离婚可以选在法院起诉办理，也可以去民政局协议离婚。法院离婚判决书是法院审理完离婚案件后，根据判决写成的文书。经法院判决离婚的，不需要去民政局办理离婚证书。“拿到离婚证书才算离婚，就算有离婚判决书也不行”这种说法是错误的，因为法院生效后的离婚判决书与民政局的离婚证的法律效力是一样的，所以当事人不需要再将生效的离婚判决书换成离婚证。如果想再婚，当事人直接带离婚判决书和身份证明去当地的婚姻登记机关办理就可以了。还需要提醒的是，一审判决离婚生效的判决书需要去法院做生效确认书，这样才可以办理再婚手续。

法律依据

《中华人民共和国民法典》

第一千零七十八条 婚姻登记机关查明双方确实是自愿离婚，并已经对子女抚养、财产以及债务处理等事项协商一致的，予以登记，发给离婚证。

第一千零七十九条第一款 夫妻一方要求离婚的，可以由有关组织进行调解或者直接向人民法院提起离婚诉讼。

第一千零八十条 完成离婚登记，或者离婚判决书、调解书生效，即解除婚姻关系。

32. 遭遇家庭暴力怎么办?

典型案例

陈女士与丈夫丁某于2013年经人介绍相识结婚，婚后生育了一女。丁某脾气不好，酒后对妻子家暴是家常便饭，喝了酒的丁某，会像着魔一般持续殴打陈某，丁某还经常以“教育”为名打骂孩子。陈女士曾多次向公安机关报警，经公安机关教育后，丁某表面上应付承诺悔改，但回到家里却依旧故伎重演，造成妻女整日生活在惶恐之中。陈女士提出离婚，丁某以“离婚就杀妻子全家”相威胁。无助的陈女士只好求助于律师。在律师的帮助下，陈女士申请了人身保护令，最终法院认定丁某构成家暴，判决离婚，孩子抚养权归女方。

律师解析

此案是一起典型的因家庭暴力导致的离婚案件，类似案件的关键在于发生家庭暴力时，受害方要及时保留伤害的相关证据，如报警，将受伤害的部位拍片，找村委会、居委会调解并出证明材料等。家暴的证据一旦被法院认定，无论被告方同不同意，法院都应该判决双方离婚，并且会以子女、女方权益为主的原则裁判抚养权归属以及财产分割问题。

如果当事人在准备离婚过程中担心被报复,可以依法向法院申请人身保护令。

法律依据

《中华人民共和国民法典》

第一千零七十九条 夫妻一方要求离婚的，可以由有关组织进行调解或者直接向人民法院提起离婚诉讼。

人民法院审理离婚案件，应当进行调解；如果感情确已破裂，调解无效的，应当准予离婚。

有下列情形之一，调解无效的，应当准予离婚：

（一）重婚或者与他人同居；

（二）实施家庭暴力或者虐待、遗弃家庭成员；

（三）有赌博、吸毒等恶习屡教不改；

（四）因感情不和分居满二年；

（五）其他导致夫妻感情破裂的情形。

一方被宣告失踪，另一方提起离婚诉讼的，应当准予离婚。

经人民法院判决不准离婚后，双方又分居满一年，一方再次提起离婚诉讼的，应当准予离婚。

《中华人民共和国反家庭暴力法》

第二十三条第一款　当事人因遭受家庭暴力或者面临家庭暴力的现实危险，向人民法院申请人身安全保护令的，人民法院应当受理。

第二十九条　人身安全保护令可以包括下列措施：

（一）禁止被申请人实施家庭暴力；

（二）禁止被申请人骚扰、跟踪、接触申请人及其相关近亲属；

（三）责令被申请人迁出申请人住所；

（四）保护申请人人身安全的其他措施。

第三十条　人身安全保护令的有效期不超过六个月，自作出之日起生效。人身安全保护令失效前，人民法院可以根据申请人的申请撤销、变更或者延长。

33. 婚前隐瞒重大疾病，婚姻能否撤销？

典型案例

张女士与王先生经人介绍相识后，很快确定了恋爱关系，2019 年订婚后双方开始同居。2020 年 4 月，张女士怀孕，同年 6 月，双方登记结婚。此时的王先生，已身患艾滋病 8 年。王先生主动坦白，张女士方知枕边人罹患艾滋病多年。虽然王先生坚持表示其患的艾滋病已不在传染期内，传染张女士及其腹内宝宝的可能性极小，且最终证明张女士确实并未被传染。但丈夫的病依然让张女士无法接受，张女士最终决定终止妊娠，并向人民法院起诉要求撤销婚姻。法院经审理判决撤销原被告的婚姻关系。

律师解析

民法典不仅将登记结婚前隐瞒重大病情作为无过错方可以撤销婚姻的情形之一，而且还赋予无过错方主张损害赔偿的权利。本案中，原被告登记结婚时间虽然在民法典实施之前，但原被告的婚姻状态一直持续至民法典生效后，所涉可撤销情形属于民法典的新增规定。从保护无过错方的利益出发，按照有利溯及的原则，法院最终依据民法典相关规定作出撤销原被告的婚姻关系的判决。

法律依据

《中华人民共和国民法典》

第一千零五十三条 一方患有重大疾病的，应当在结婚登记前如实告知另一方；不如实告知的，另一方可以向人民法院请求撤销婚姻。

请求撤销婚姻的，应当自知道或者应当知道撤销事由之日起一年内提出。

34. 找不到对方，另一方能离婚吗？

典型案例

小亮与小青在外打工相识，双方婚后回到男方老家定居，并生育了一个小孩，今年已4岁。在孩子1岁时，妻子小青离家出走，至今未归，也从未与小亮和孩子联系。为了孩子能够健康成长，也为了自己有个情感归宿，小亮想重新组建家庭。小亮怎样才能与联系不上的妻子离婚？孩子能否判给小亮？

律师解析

小亮可以直接向法院起诉离婚，由法院向小青送达应诉通知书和开庭传票（找不到人的，可以公告送达，即使当事人收不到传票，也视为送达），法院可以缺席审理并宣判。不过，对于对方不到庭的离婚案，第一次基本不会判决离婚，需要6个月后再起诉一次。至于孩子抚养权，会暂时判给男方。

法律依据

《中华人民共和国民法典》

第一千零七十九条　夫妻一方要求离婚的，可以由有关组织进行调解或者直接向人民法院提起离婚诉讼。

人民法院审理离婚案件，应当进行调解；如果感情确已破裂，调解无效的，应当准予离婚。

有下列情形之一，调解无效的，应当准予离婚：

（一）重婚或者与他人同居；

（二）实施家庭暴力或者虐待、遗弃家庭成员；

（三）有赌博、吸毒等恶习屡教不改；

（四）因感情不和分居满二年；

（五）其他导致夫妻感情破裂的情形。

一方被宣告失踪，另一方提起离婚诉讼的，应当准予离婚。

经人民法院判决不准离婚后，双方又分居满一年，一方再次提起离婚诉讼的，应当准予离婚。

第一千零八十一条　现役军人的配偶要求离婚，应当征得军人同意，但是军人一方有重大过错的除外。

35. 妻子能向“小三”索赔吗?

典型案例

谭娜与高洋结婚多年，育有一子，夫妻感情很好。高洋的公司招聘小雪为办公室主任，管理公司的日常事务。此后，高洋对谭娜逐渐冷淡，且经常不回家。一日，谭娜到高某公司，听到有人议论，还叫小雪为老板娘，谭娜这时才明白，丈夫和小雪产生了婚外恋，并在外同居。谭娜为了顾及孩子感受，做了许多努力，企图挽回婚姻，但都无济于事。谭娜收到了法院的传票，高洋起诉要求与她离婚。谭娜认为是第三者小雪的不道德行为导致自己的婚姻破裂，遂向小雪提出赔偿，她的要求能被支持吗?

律师解析

本案中，小雪是第三者，但她并不是婚姻家庭关系的当事人，我国婚姻法对无过错方能否向第三者要求赔偿没有具体规定。因此，谭娜在离婚诉讼中只能向过错方即高洋要求赔偿损害，而不能向第三者小雪要求赔偿。同时第三者产生的原因复杂多样（比如被“小三”），有许多第三者本身也是受害者，如果一律将他人拉入诉讼，即便审理查明的事实不涉及第三者，也会影响其生活，更易造成诉权的滥用。因此，在法无明文规定前，离婚诉讼当事人一方请求“小三”赔偿其损害时，一般不会得到法院的支持。

法律依据

《中华人民共和国民法典》

第一千零九十一条 有下列情形之一，导致离婚的，无过错方有权请求损害赔偿：

（一）重婚；

（二）与他人同居；

（三）实施家庭暴力；

（四）虐待、遗弃家庭成员；

（五）有其他重大过错。

《最高人民法院关于适用〈中华人民共和国民法典〉婚姻家庭编的解释（一）》

第八十七条 承担民法典第一千零九十一条规定的损害赔偿责任的主体，为离婚诉讼当事人中无过错方的配偶。

人民法院判决不准离婚的案件，对于当事人基于民法典第一千零九十一条提出的损害赔偿请求，不予支持。

在婚姻关系存续期间，当事人不起诉离婚而单独依据民法典第一千零九十一条提起损害赔偿请求的，人民法院不予受理。

36. 将老公和“小三”的隐私发到网上违法吗?

典型案例

今年 34 岁的方方原本有一个温馨和谐的家庭，可就在去年，方方发现在外地做生意的丈夫与合伙人有染。夫妻感情越来越差，“小三”甚至明目张胆地发短信辱骂方方及其女儿，方方只好与丈夫离婚。其间，因气不过“小三”的嚣张气焰，方方将丈夫出轨信息以及“小三”的个人资料发布在网上。结果反而被“小三”告上法庭，对方要求方方删除发布的内容，在网络上公开赔礼道歉，恢复自己的名誉，还要求方方赔偿其精神损失费、承担诉讼费共计 4 万多元。

律师解析

“小三”破坏了别人的家庭，应该受到谴责，但这仅仅属于道德的范畴。婚姻是两个人的事，夫妻间感情出现了问题，一方违反了“夫妻应当互相忠实，互相尊重”和“禁止有配偶者与他人同居”的法律规定，应该承担责任的是婚姻中违背约定、违反规定的一方，而不是第三者。把“小三”的信息披露到网上，不仅解决不了婚姻问题，还对第三人构成了侵权，因此要承担侵权的责任。

法律依据

《中华人民共和国民法典》

第一百零九条　自然人的人身自由、人格尊严受法律保护。

第一百一十条　自然人享有生命权、身体权、健康权、姓名权、肖像权、名誉权、荣誉权、隐私权、婚姻自主权等权利。

法人、非法人组织享有名称权、名誉权和荣誉权。

第一百一十一条 自然人的个人信息受法律保护。任何组织或者个人需要获取他人个人信息的，应当依法取得并确保信息安全，不得非法收集、使用、加工、传输他人个人信息，不得非法买卖、提供或者公开他人个人信息。

第一百二十条 民事权益受到侵害的，被侵权人有权请求侵权人承担侵权责任。

37. 全职太太离婚时可以多要补偿吗?

典型案例

苏女士的丈夫丁某是一家公司的销售人员，常年在外地工作。两人约定婚后财产分别各自所有，家庭财务AA制，苏女士为了照顾孩子不得不辞去工作，赋闲在家。夫妻俩长期两地分居，感情出现了裂痕，经过商议，两人决定离婚。由于苏女士因照顾孩子没有工作，所以没有经济来源。苏女士想问，她可以要求丁某给付经济补偿吗?

律师解析

家庭主妇的价值应该被尊重。虽然案例中约定了分别财产制，但女方确实因为家务、养育共同的子女而失去收入，故此要求对方进行合理补偿于情于法都有依据。夫妻书面约定婚姻关系存续期间所得的财产归各自所有，离婚时，一方以抚育子女、照料老人等付出较多义务为由，要求另一方补偿的，应予支持。

法律依据

《中华人民共和国民法典》

第一千零八十八条 夫妻一方因抚育子女、照料老年人、协助另一方工作等负担较多义务的，离婚时有权向另一方请求补偿，另一方应当给予补偿。具体办法由双方协议；协议不成的，由人民法院判决。

38. 协议离婚后，还可以起诉要赔偿吗？

典型案例

张小姐经朋友介绍认识了做生意的黄先生。两人婚后育有一子，之后，家庭条件逐渐向好，张小姐想要再生一个宝宝。后来张小姐发现，丈夫在自己怀孕期间出轨，黄先生不但伪造离婚证书，甚至还和“小三”领了结婚证。黄先生迫于压力与“小三”分手，而张小姐顾忌自己7岁的儿子和腹中未出世的宝宝，选择了原谅黄先生。可是，丈夫仍然和“小三”保持联络，甚至还拍摄亲密视频。张小姐死了心，就在孩子出生后，张小姐很快就列好财产分割清单，拟好离婚协议书，要求和丈夫黄先生离婚。黄先生出于愧疚之情，便签了离婚协议书。

之后，张小姐一直未能从丈夫背叛她的阴影中走出来。她始终觉得，黄先生没有受到应有的惩罚。于是她以黄先生在婚姻存续期间跟别人结婚构成重婚罪，给当时怀孕的她造成无法弥补的伤害为由，向法院提起了诉讼，要求黄先生以重婚过错向她赔偿5万元的精神损失费。在协议离婚之后，张小姐作为婚姻中的无过错方能再向出轨过错方黄先生要求精神损失赔偿吗？

律师解析

在法律上来说，合法的婚姻关系是受到法律保护的，任何一方违背夫妻间忠实义务都将给对方和家人带来情感和心理上的伤害。因此导致夫妻感情破裂的，过错方应当承担对另一方的精神损害赔偿责任。在发现丈夫出轨后，妻子是可以申请赔偿的，离婚时，对方有家暴、与他人同居等过错情形的，受侵害的一方有权利要求赔偿，但赔偿请求应该在提起离婚起诉时一并提出。如果是登记离婚，那么至少应该在离婚后一年之内起诉。张小姐从未明确表示放弃损害赔偿诉讼权利，而且她是在离婚后一年内提出诉讼，完全符合法律规定，因此她的索赔有理有据。

法律依据

《中华人民共和国民法典》

第一千零九十一条 有下列情形之一，导致离婚的，无过错方有权请求损害赔偿：

（一）重婚；

（二）与他人同居；

（三）实施家庭暴力；

（四）虐待、遗弃家庭成员；

（五）有其他重大过错。

《最高人民法院关于适用〈中华人民共和国民法典〉婚姻家庭编的解释（一）》

第八十九条 当事人在婚姻登记机关办理离婚登记手续后，以民法典第一千零九十一条规定为由向人民法院提出损害赔偿请求的，人民法院应当受理。但当事人在协议离婚时已经明确表示放弃该项请求的，人民法院不予支持。

39. 离婚期间转移财产该承担什么责任?

典型案例

女方雷某某与男方宋某某在2018年上半年产生矛盾，2019年2月分居，同年3月女方首次起诉要求离婚，经法院驳回，之后双方感情未见好转。2020年1月，女方再次起诉要求离婚，并请求法院依法分割夫妻共同财产。期间，在2018年4月30日，女方雷某某将自己账户内的19.5万元转至案外人名下。最终法院认定，准予离婚，判决雷某某向对方支付12万元。

律师解析

在离婚诉讼期间或离婚诉讼前，隐藏、转移、变卖、毁损夫妻共同财产，或伪造债务企图侵占另一方财产的，离婚分割夫妻共同财产时，可少分或不分财产。

网络上一些媒体以“离婚转移财产可判净身出户”为题进行炒作，实际上如果不是出现特别恶劣的情况，现实中基本还不太会用“不分”这种特别严厉的惩罚性分割方法。实践中，对于转移财产一方，会被按照总财产的30%左右来分割财产。

法律依据

《中华人民共和国民法典》

第一千零九十二条　夫妻一方隐藏、转移、变卖、毁损、挥霍夫妻共同财产，或者伪造夫妻共同债务企图侵占另一方财产的，在离婚分割夫妻共同财产时，对该方可以少分或者不分。离婚后，另一方发现有上述行为的，可以向人民法院提起诉讼，请求再次分割夫妻共同财产。

40. 夫妻一方在外借款，是否属于夫妻共同债务?

典型案例

王某与叶某于2013年7月登记结婚。2018年3月，王某因急需用钱向李某借款10万元，声明于2018年5月还款，并在借条上签字。王某在收到10万元款项后就转入个人银行卡，但到期后王某并未归还借款。2019年5月，李某向法院起诉要求王某与叶某共同偿还其10万元借款及相应利息。李某认为，王某向其借款时处于婚姻关系存续期间，因此该笔借款属于夫妻共同债务。叶某向法院辩称，王某于2018年5月起便因躲债失去联系，二人早已分居。这种情况下，夫妻一方在外借款，是否属于夫妻共同债务?

律师解析

夫妻一方在婚姻关系存续期间以个人名义超出家庭日常生活需要所负的债务，债权人以属于夫妻共同债务为由主张权利的，人民法院不予支持，但债权人能够证明该债务用于夫妻共同生活、共同生产经营或者基于夫妻双方共同意思表示的除外。本案中，叶某没有在借条上签字，对该笔借款始终不知情。王某在收到 10 万元款项后就转入个人银行卡，没有转给叶某。同时，该款项数额巨大，已经明显超出家庭日常共同需要支出，因此该笔借款不应该认定为夫妻共同债务。

法律依据

《中华人民共和国民法典》

第一千零六十四条 夫妻双方共同签名或者夫妻一方事后追认等共同意思表示所负的债务，以及夫妻一方在婚姻关系存续期间以个人名义为家庭日常生活需要所负的债务，属于夫妻共同债务。

夫妻一方在婚姻关系存续期间以个人名义超出家庭日常生活需要所负的债务，不属于夫妻共同债务；但是，债权人能够证明该债务用于夫妻共同生活、共同生产经营或者基于夫妻双方共同意思表示的除外。

41. 女方经济条件比男方差，离婚能否赢得抚养权？

典型案例

梅梅自婚后怀孕至儿子 7 岁一直专职在家带孩子，孩子基本由女方一人抚养长大，但男方的父母也经常帮忙照看。婚后男方从自己父亲名下过户了两套房产，总价值在 200 万元左右，且两套房产的名字均是男方一人。其中一套由男方父母住，另一套夫妻带孩子住。男方年收入约 20~30 万元，家里存款 30 万元。后来梅梅发现丈夫有了外遇，通过调查取证，获得了丈夫与“小三”共同居住的小区的物业证明、酒店入住登记记录、航空记录以及丈夫给“小三”打款的凭证等。梅梅提出离婚。面对妻子的离婚要求，丈夫没有异议，但是双方对于孩子跟谁的问题存在很大的分歧。

律师解析

法院判决抚养权归属时，主要原则是从子女利益角度出发，综合考虑子女的年龄、双方的身体状况、主观意愿、经济条件、对子女的责任感、家庭环境、父母与子女的感情、祖父母或外祖父母与子女之间的关系、子女的主观意愿等因素。该案例中，女方显然没有住房，没有收入，赢得抚养权确实有难度，但是法院也要从有利于子女身心健康，保障子女的合法权益出发。离婚夫妻一方有过错，将会增加无过错方争取抚养权的筹码。因此，如果离婚夫妻一方有过错，如因婚外情、赌博、虐待、暴力等导致的夫妻感情破裂，由于过错方可能会对子女的身心健康产生不利影响，为了保障子女的合法权益，依据谁对孩子健康成长更有利就跟谁生活的原则，法院很可能将子女的抚养权判归无过错方。

法律依据

《中华人民共和国民法典》

第一千零八十四条　父母与子女间的关系，不因父母离婚而消除。离婚后，子女无论由父或者母直接抚养，仍是父母双方的子女。

离婚后，父母对于子女仍有抚养、教育、保护的权利和义务。

离婚后，不满两周岁的子女，以由母亲直接抚养为原则。已满两周岁的子女，父母双方对抚养问题协议不成的，由人民法院根据双方的具体情况，按照最有利于未成年子女的原则判决。子女已满八周岁的，应当尊重其真实意愿。

《最高人民法院关于适用〈中华人民共和国民法典〉婚姻家庭编的解释（一）》

第四十六条　对已满两周岁的未成年子女，父母均要求直接抚养，一方有下列情形之一的，可予优先考虑：

（一）已做绝育手术或者因其他原因丧失生育能力；

（二）子女随其生活时间较长，改变生活环境对子女健康成长明显不利；

（三）无其他子女，而另一方有其他子女；

（四）子女随其生活，对子女成长有利，而另一方患有久治不愈的传染性疾病或者其他严重疾病，或者有其他不利于子女身心健康的情形，不宜与子女共同生活。

第四十七条 父母抚养子女的条件基本相同，双方均要求直接抚养子女，但子女单独随祖父母或者外祖父母共同生活多年，且祖父母或者外祖父母要求并且有能力帮助子女照顾孙子女或者外孙子女的，可以作为父或者母直接抚养子女的优先条件予以考虑。

42. 夫妻代孕生子，丈夫去世后孩子判给谁？

典型案例

林某夫妇婚后未能孕育，两人求子心切，想方设法找来卵子“借腹”代孕生了一对龙凤胎。然而天有不测风云，一双儿女才满 3 岁，孩子的父亲却突然罹患疾病离世。为此，孩子的爷爷奶奶与孩子母亲争夺孩子的监护权，双方发生纠纷诉至法院。法院对此案终审宣判，判决驳回祖父母要求担任孩子监护人并进行抚养的诉讼请求，由抚养孩子的母亲取得监护权。

律师解析

以代孕方式生育的子女，属于缔结婚姻关系后夫妻一方的非婚生子女。两名孩子出生后，一直随夫妇共同生活，孩子与母亲已形成有抚养关系的继父母子女关系，其权利义务适用相关法律关于父母子女关系的规定。作为祖父母，监护顺序在孩子母亲之后，因此其提起监护权主张不符合法律规定的条件。同时，从儿童最大利益原则考虑，由孩子母亲取得监护权更有利于孩子的健康成长，法院判决并无不当。

法律依据

《中华人民共和国民法典》

第一千零七十一条第一款 非婚生子女享有与婚生子女同等的权利，任何组织或者个人不得加以危害和歧视。

第一千零七十二条　继父母与继子女间，不得虐待或者歧视。

继父或者继母和受其抚养教育的继子女间的权利义务关系，适用本法关于父母子女关系的规定

第二十七条　父母是未成年子女的监护人。

未成年人的父母已经死亡或者没有监护能力的，由下列有监护能力的人按顺序担任监护人：

（一）祖父母、外祖父母；

（二）兄、姐；

（三）其他愿意担任监护人的个人或者组织，但是须经未成年人住所地的居民委员会、村民委员会或者民政部门同意。

43. 婚前一方首付购房，离婚时怎么分？

典型案例

赵某起诉李某离婚，并同时提出对夫妻共同财产进行分割。李某对夫妻感情已经破裂没有争议，但对房产如何分割有不同意见。这套房屋是李某在婚前以自己的名义购买的，并支付了首付款，婚后取得房产证，房产证上登记的所有权人为李某。李某同时用自己的工资按期还贷。经评估，现住房已增值到购买时的2倍。李某主张这房屋是婚前个人财产，而赵某主张是夫妻共同财产。对于房屋该如何分配双方各执一词，互不退让。

律师解析

李某在婚前以自己的名义购买并支付了首付款，同时房屋的所有权人是李某。因此房屋并不能因为与赵某结婚而变成夫妻共同财产。根据法律的规定，该房屋属于房屋产权登记一方即李某所有。

婚后李某用个人工资缴纳按揭款，根据相关的法律规定，这属于用夫妻共同

财产偿还的个人债务，对于这部分也要进行相应的分割。

对于房屋的增值部分也要按照相应的比例进行分割，但是应该扣除李某首付款所占的增值部分。首付款所占的增值部分属于李某的个人财产。

法律依据

《最高人民法院关于适用〈中华人民共和国民法典〉婚姻家庭编的解释（一）》

第七十八条 夫妻一方婚前签订不动产买卖合同，以个人财产支付首付款并在银行贷款，婚后用夫妻共同财产还贷，不动产登记于首付款支付方名下的，离婚时该不动产由双方协议处理。

依前款规定不能达成协议的，人民法院可以判决该不动产归登记一方，尚未归还的贷款为不动产登记一方的个人债务。双方婚后共同还贷支付的款项及其相对应财产增值部分，离婚时应根据民法典第一千零八十七条第一款规定的原则，由不动产登记一方对另一方进行补偿。

44. 婚前一方出资登记在对方名下的房子，离婚时怎么办？

典型案例

王先生与周女士热恋时以周女士名义花100万全款买了房，约定为婚房，房产证于婚后发下并登记在周女士名下。后因故两人起诉离婚，在房产的分割上出现分歧，此时房产市值达200万元。王先生提出，购房款是其一人全额支付，应至少享有一半产权，要求周女士给予100万元补偿。周女士提出，虽然购房款由王先生支付，但该房屋是婚前购买，属于婚前赠与，应是其个人财产。

律师解析

本案中争议的房产系以周女士一人名义办理的购房手续，并且购房在结婚登记之前，根据物权登记原则，争议房产应认定为周女士个人婚前财产。

至于王先生的100万元购房出资，在没有证据证明为借款的情况下，只能认定为对周女士的赠与。在没有特别约定的情况下，只能认定为以结婚为条件的赠与。当周女士与王先生办理完结婚登记手续之后，赠与所附的条件就完成，周女士对该100万元享有完整的所有权。而房屋的增值亦应由周女士一人享有。

法律依据

《中华人民共和国民法典》

第一千零六十三条　下列财产为夫妻一方的个人财产：

（一）一方的婚前财产；

……

第一千零六十五条　男女双方可以约定婚姻关系存续期间所得的财产以及婚前财产归各自所有、共同所有或者部分各自所有、部分共同所有。约定应当采用书面形式。没有约定或者约定不明确的，适用本法第一千零六十二条、第一千零六十三条的规定。

夫妻对婚姻关系存续期间所得的财产以及婚前财产的约定，对双方具有法律约束力。

夫妻对婚姻关系存续期间所得的财产约定归各自所有，夫或者妻一方对外所负的债务，相对人知道该约定的，以夫或者妻一方的个人财产清偿。

45. 婚后一方父母出资买的房子是否属于夫妻共同财产？

典型案例

张某和李某恋爱一年后，两人准备结婚，打算买房。可两人没积蓄，于是找到李某的父亲，李父答应借30万元给他们付首付。张某和李某到民政局登记结婚当天，他们拿着从李父那里借来的钱，到某小区交了首付，购买了一套房子，房产证上写的是李某的名字。结婚一年后，小两口吵架不断，两人开始分居。张某认为两人的日子没法过下去了，要求离婚，李某不同意，于是张某起诉到法院。

法院审理时，李某要求张某和他一起还当初父亲借给他们买房的 30 万元首付款，并拿出了当时父亲借给他们钱后两人写的收据。收据中写明：若今后两人离婚，此款要还给李父，并按当时国家房贷利息标准计算利息。若两人不离婚，这笔钱就是李父赠送给两人的，不用还。

律师解析

婚后一方父母出资买房主要有以下几种情况：一是出全款房产写在自己子女名下，视为给自己子女的赠与，属于子女个人财产；二是出全款房产写在双方名下或对方名下，属于夫妻共有；三是出首付房产写在自己子女名下，属于婚后购房夫妻共有；四是出首付房产写在双方或对方名下，属于首付赠与夫妻双方，而房产亦属于夫妻共有。本案中，根据李父借给他们钱后两人写的收据，这笔钱属于赠与，并有附加条件：不离婚。附加条件符合国家法律，所以有效。法院审理后作出判决，准许两人离婚，共同偿还李父的 30 万元。

如果父母当时没以这些方式明示是给子女的，法律上就会被认为是对双方的赠与。若本案中李父当初没要求写那张有附加条件的收据，张某和李某离婚时，在没有其他因素的情况下，这套房屋就一人一半，李父的钱有一半就是“白赠”了。

法律依据

《最高人民法院关于适用〈中华人民共和国民法典〉婚姻家庭编的解释（一）》

第二十九条 当事人结婚前，父母为双方购置房屋出资的，该出资应当认定为对自己子女个人的赠与，但父母明确表示赠与双方的除外。

当事人结婚后，父母为双方购置房屋出资的，依照约定处理；没有约定或者约定不明确的，按照民法典第一千零六十二条第一款第四项规定的原则处理。

46. 婚后双方父母出资买的房子，离婚时怎么分割？

典型案例

小陈和倩倩从小一起长大，青梅竹马，两情相悦。两家是邻居，父母关系也很好，两人结婚后，双方父母想凑钱给孩子买一套婚房，不让孩子贷款。最后小陈家出资 140 万，倩倩家出资 60 万，共同为两人购买了一套婚房，登记在倩倩名下。结婚一年之后，倩倩一直没有怀孕，于是两人去医院做了检查，结果显示倩倩患有不孕症。小陈是家中独子，倩倩不想让他为难，主动提出了离婚。但是对于房子的问题，双方家长各执一词。小陈家认为自己出了大头，应该多分；倩倩家认为婚后购买的房子，应该平均分割。最后，小陈和倩倩达成一致意见，房子归小陈，给倩倩 100 万元的房屋折价款。

律师解析

由双方父母出资购买的不动产，产权登记在一方子女名下的，该不动产可认定为双方按照各自父母出资份额按份共有，但当事人另有约定的除外。本案中，小陈的父母出资 70%，倩倩的父母出资 30%，那么这套房子应该由小陈和倩倩按照该出资份额按份共有，小陈占有 70% 的份额，倩倩占有 30% 的份额。但最后双方达成一致意见，那就按照最终达成的协议来进行分割。

至于产权最后归属，要看实际情况，要考虑谁出资多谁可以给对方对价款等多种因素，而且分割财产时要照顾子女和女方权益，得房一方要给对方评估值后适当的补偿款。如果有贷款，法院一般会将房子判归直接还贷一方，给另一方折价补偿。

法律依据

《中华人民共和国民法典》

第一千零八十七条第一款　离婚时，夫妻的共同财产由双方协议处理；协议不成的，由人民法院根据财产的具体情况，按照照顾子女、女方和无过错方权益的原则判决。

《最高人民法院关于适用〈中华人民共和国民法典〉婚姻家庭编的解释（一）》

第二十九条第二款 当事人结婚后，父母为双方购置房屋出资的，依照约定处理；没有约定或者约定不明确的，按照民法典第一千零六十二条第一款第四项规定的原则处理。

47. 没有房本的房子离婚时怎么处理？

典型案例

齐女士和丈夫结婚多年生有一女，婚后丈夫多次有家暴行为，屡教不改。齐女士忍无可忍，起诉离婚，并要求获得女儿的抚养权，同时要求双方婚后购买的房屋归自己，但该房屋还没有拿到房产证。法院最后判决房屋暂时归齐女士母女使用，但并没有处理所有权问题。

律师解析

法院在处理房屋使用权问题时，会首先考虑子女和女方权益，有的法院还会根据情况判房屋归双方共同使用。法院处理分割房屋的前提条件必须是诉争的房屋有产权证明（房产证），并且要求产权明晰无争议。关于房屋所有权问题，法院一般会在判决里释明待产权证办理后另行起诉解决。

法律依据

《最高人民法院关于适用〈中华人民共和国民法典〉婚姻家庭编的解释（一）》

第七十七条 离婚时双方对尚未取得所有权或者尚未取得完全所有权的房屋有争议且协商不成的，人民法院不宜判决房屋所有权的归属，应当根据实际情况判决由当事人使用。

当事人就前款规定的房屋取得完全所有权后，有争议的，可以另行向人民法院提起诉讼。

48. 离婚后一方生活困难，能否要求在房屋内继续居住？

典型案例

魏女士夫妻结婚10年，育有一女，年满8岁，两人有一套房子是婚前男方个人财产。一年前魏女士查出患“渐冻人症”，生活已无法自理由其父母照顾，四个人的生活花费、女儿的幼儿园费用以及高昂的医疗费全部依靠父母每月5000多元的退休金。其夫离家出走，拒绝扶养病重在床的妻子和抚养年幼的孩子，完全不顾法律规定夫妻之间的扶养义务，女方起诉离婚，要求获得孩子抚养权并要求男方住房居住权，直到孩子成年之日为止，理由是自己卧病在床，无收入来源、父母长期帮带孩子且生活困难。法院最终支持了她的诉讼请求，判决魏女士可在男方婚前房内居住到子女成年之日。

律师解析

在本案中，尽管涉案房屋的所有权不属于女方，但是法院判决女方可以在离婚后继续在涉案房屋中居住。这就是以房屋居住权的形式对居住困难一方的经济帮助，也是充分照顾了子女、重病女方及其年迈父母的合法利益。关于居住的期限是明确的，法院判决涉案房屋暂由原告魏某居住使用至双方子女成年之日止，是非常人性化的考虑。

法律依据

《中华人民共和国民法典》

第一千零九十条　离婚时，如果一方生活困难，有负担能力的另一方应当给予适当帮助。具体办法由双方协议；协议不成的，由人民法院判决。

49. 夫妻一方在监狱服刑，另一方能否要求离婚？

典型案例

小莉结婚后不久生活遭遇突变，丈夫小强因故意杀人罪被判刑，现已经服刑两年。在探监的时候，小莉向小强提出离婚遭到拒绝，小强坚决不同意离婚并恳求小莉等他。小莉无奈，遂起诉到法院，法院支持了小莉的诉讼请求。

律师解析

我国规定了两种离婚方式，一种是去民政局协议离婚，另一种是去法院诉讼离婚。由于我国法律赋予服刑人员与普通公民同等的民事权利，因此与服刑人员离婚跟普通公民的离婚没有本质的区别。与服刑人员的离婚程序更为复杂一点：一是与服刑人员协议离婚一方与服刑人员自愿离婚，对子女抚养、财产分割等事项达成协议并签订了离婚协议书，就可以到户籍所在地的婚姻登记机关登记离婚，但是由于服刑人员身份的特殊性，服刑人员一般需要向监狱申请离监办理并由管教干警陪同或者由监狱协调婚姻登记机关到监狱办理离婚登记。二是与服刑人员诉讼离婚，由于夫妻一方被判处有期徒刑是法官判决准予离婚的一种重要的法律依据，因此在通常情况下，夫妻一方与服刑人员离婚的诉讼请求通常都能得到法院的支持。

法律依据

《中华人民共和国民法典》

第一千零七十九条 夫妻一方要求离婚的，可以由有关组织进行调解或者直接向人民法院提起离婚诉讼。

人民法院审理离婚案件，应当进行调解；如果感情确已破裂，调解无效的，应当准予离婚。

有下列情形之一，调解无效的，应当准予离婚：

（一）重婚或者与他人同居；

（二）实施家庭暴力或者虐待、遗弃家庭成员；

（三）有赌博、吸毒等恶习屡教不改；

（四）因感情不和分居满二年；

（五）其他导致夫妻感情破裂的情形。

一方被宣告失踪，另一方提起离婚诉讼的，应当准予离婚。

经人民法院判决不准离婚后，双方又分居满一年，一方再次提起离婚诉讼的，应当准予离婚。

50. 父母去世，未成年子女谁来抚养？

典型案例

于某的父母在一次车祸中双双去世，留下年仅 12 岁未成年的妹妹。在抚养妹妹的问题上，于某与新婚妻子发生分歧。于某妻子认为自己和于某马上要有自己的孩子，觉得于某的妹妹是个负担，希望妹妹由于某的爷爷奶奶直接抚养，而且自己和于某没有法定抚养义务。于某的爷爷奶奶同意可以照顾孙女，但要求于某支付一定的抚养费。那么，妹妹应该由谁来抚养呢？

律师解析

对于父母已经死亡的未成年人，有负担能力的兄、姐对其有扶养义务，有负担能力的祖父母、外祖父母对其有抚养义务。本案中，于某的妹妹有成年的哥哥，有具有抚养能力的爷爷奶奶，所以妹妹应该由哥哥和爷爷奶奶共同养育。哥哥于某和妻子不得以其他借口拒绝履行扶养义务。

法律依据

《中华人民共和国民法典》

第一千零七十四条第一款 有负担能力的祖父母、外祖父母，对于父母已经死亡或者父母无力抚养的未成年孙子女、外孙子女，有抚养的义务。

第一千零七十五条第一款 有负担能力的兄、姐，对于父母已经死亡或者父母无力抚养的未成年弟、妹，有扶养的义务。

51. 子女不履行赡养义务怎么办?

典型案例

娜娜刚出生一个月就被亲生父母抛弃，被福利院收养，之后养父母在福利院办理了收养手续，正式收养了娜娜。养父母对娜娜视若己出，将她培养成大学生，娜娜毕业之后找到一份很好的工作。娜娜对自己的养父母非常孝顺，经常给钱给物并带出去各地旅游。娜娜的亲生父母通过寻人网站找到她，要求与娜娜相认，并说娜娜的亲弟弟要订婚，希望娜娜出资帮助，娜娜拒绝。不久，娜娜的亲生父母起诉到法院，要求撤销收养协议，并要求娜娜支付赡养费。那么，娜娜应该支付赡养费吗?

律师解析

养子女与亲生父母之间的权利义务，因收养关系的成立而取消。子女在被他人收养后，生父母便没有了抚养义务，对子女的抚养义务由养父母来完成并履行。因此养子女也就不再对自己的亲生父母有赡养的义务。本案中，娜娜刚出生就被遗弃。多年来，亲生父母不管不问，得知女儿挣钱了，才想相认，还要求女儿为儿子订婚出资，典型的重男轻女。娜娜的亲生父母认女儿的目的是为了要钱，于情于理于法都没有根据，所以法院不支持娜娜亲生父母的诉求是正确的。

法律依据

《中华人民共和国民法典》

第一千一百一十一条 自收养关系成立之日起，养父母与养子女间的权利义务关系，适用本法关于父母子女关系的规定；养子女与养父母的近亲属间的权利义务关系，适用本法关于子女与父母的近亲属关系的规定。

养子女与生父母以及其他近亲属间的权利义务关系，因收养关系的成立而消除。

52. 哪些法院对赡养案件有管辖权？

典型案例

胡大爷的老伴已经去世20年，独自一人将两个儿子养大。最近胡大爷因脑血栓住院，其退休金无法支付医药费及生活费，两个儿子都不愿意支付赡养费用，也不愿意去医院照顾老人。老人通过居委会跟两个儿子就赡养费用和陪护费用协商过几次，但是两个儿子都互相推诿。无奈之下，老人想去法院起诉两个儿子，但两个儿子都与他不住在一个区，老人不知该向哪个法院提起诉讼。

律师解析

一般来说，对公民提起的民事诉讼，应该由被告住所地人民法院管辖。同一诉讼有多个被告的，几个被告住所地或经常居住地的人民法院都有管辖权。但鉴于赡养案件的原告多为年老群众，行动不便，让其到被告住所地起诉有些困难。根据《民诉意见》的规定，追索赡养费案件的几个被告住所地不在同一辖区的，可以由原告住所地人民法院管辖，老人可以选择在自己住所地法院提起诉讼，也可以选择两个儿子住所地的其中一个法院提起诉讼。

法律依据

《最高人民法院关于适用〈中华人民共和国民事诉讼法〉的解释》

第九条 追索赡养费、抚育费、扶养费案件的几个被告住所地不在同一辖区的，可以由原告住所地人民法院管辖。

53. 死亡赔偿金能作为遗产被分割吗？

典型案例

段某丈夫孙某在某电器公司厂房内进行安装作业时不慎从梯子上坠落致头部受伤，经医院抢救无效死亡。电器公司与段某达成赔偿协议，一次性给付赔偿款43万元。后死者孙某的哥哥将死者之妻段某及其未成年的一双儿女告上法庭，要求依法分割43万元赔偿款。另经法院查明，死者孙某尚有父母在世，死亡赔偿金是否应当作为遗产进行分配，应当如何确定分配比例？

律师解析

根据相关法律规定，被侵权人死亡的，其近亲属有权请求侵权人承担侵权责任。由此可知，死亡赔偿金是对死者亲属整体预期收入损失的一种财产性损害赔偿，是基于死者死亡对近亲属所支付的物质性赔偿。死亡赔偿金既不能作为遗产按继承关系进行分配，也不能按夫妻共同财产进行分割。只有与死者生前存在权利义务关系、经济上依赖关系的近亲属才能成为赔偿权利人。本案中，死者孙某的近亲属主要有父母二人、兄长一人、妻子段某和一对子女。但与死者孙某具有扶养、赡养关系的是其父母、其妻段某及子女，他们均属于孙某死亡赔偿金的赔偿权利人，均有权参与死亡赔偿金的分割。而死者与其兄长之间无法律上的权利义务关系，既非共同生活者，也无经济上的依赖关系，孙某的哥哥不属于死亡赔偿金的赔偿权利人，无权参与分割。

法律依据

《中华人民共和国民法典》

第一千一百八十一条 被侵权人死亡的，其近亲属有权请求侵权人承担侵权责任。被侵权人为组织，该组织分立、合并的，承继权利的组织有权请求侵权人承担侵权责任。

被侵权人死亡的，支付被侵权人医疗费、丧葬费等合理费用的人有权请求侵权人赔偿费用，但是侵权人已经支付该费用的除外。

第一千一百二十二条 遗产是自然人死亡时遗留的个人合法财产。

依照法律规定或者根据其性质不得继承的遗产，不得继承。

54. 保险金能作为遗产被继承吗?

典型案例

小杨投保了人身意外保险，指定受益人是自己10岁的女儿豆豆。投保两年后，小杨在一次出游中意外死亡，保险公司赔付了100万元的保险金给豆豆，豆豆尚未成年，这笔钱暂时由其母亲代为领取并保管。豆豆的爷爷和奶奶要求继承这笔保险金，遭到豆豆母亲的拒绝，遂起诉到法院。那么，法院该如何判决呢?

律师解析

商业保险分为人身保险和财产保险，不同的保险要不同地对待。如果是财产保险，保险金是可以作为遗产被继承的，但是人身保险会有不同的情况。人身保险一般会涉及受益人问题，如果指定了受益人，就应该由指定的受益人来继承；如果没有指定受益人，那么，保险金就可以作为遗产被继承。本案中，豆豆虽然未成年，但是可以作为受益人，况且被指定为唯一的受益人，所以这笔保险金应该归属于豆豆，其爷爷和奶奶不能继承。

法律依据

《中华人民共和国保险法》

第四十二条 被保险人死亡后，有下列情形之一的，保险金作为被保险人的遗产，由保险人依照《中华人民共和国继承法》① 的规定履行给付保险金的义务：

（一）没有指定受益人，或者受益人指定不明无法确定的；

（二）受益人先于被保险人死亡，没有其他受益人的；

（三）受益人依法丧失受益权或者放弃受益权，没有其他受益人的。

受益人与被保险人在同一事件中死亡，且不能确定死亡先后顺序的，推定受益人死亡在先。

55. 监狱服刑人员有继承权吗？

典型案例

去年4月份，王某丈夫因和他人打架被法院以故意伤害罪判处有期徒刑6年。前一阵子，王某丈夫的父亲去世，留下两套房产，被王某丈夫的妹妹私自占了。王某找上门去，想讨个说法，对方竟然说，王某丈夫是罪犯，没有继承权。王某公公没有立遗嘱，也无遗赠给他人。请问，王某丈夫的妹妹说法有法律依据吗？

律师解析

法律并没有规定罪犯不享有继承权，该案中王某丈夫享有对其父亲的继承权。王某丈夫的妹妹说罪犯没有继承权，是没有法律依据的，法律并没有规定服刑人员是丧失继承权的条件。王某丈夫作为其父母的其中一个子女，有法定的继承权，而且也无丧失继承权的情形，故王某丈夫仍然享有对父亲遗产的继承权利，其有权继承父亲的遗产，除非其放弃继承。

---

①《继承法》已废止，现按照《中华人民共和国民法典》的规定执行。

法律依据

《中华人民共和国民法典》

第一千一百二十五条　继承人有下列行为之一的，丧失继承权：

（一）故意杀害被继承人；

（二）为争夺遗产而杀害其他继承人；

（三）遗弃被继承人，或者虐待被继承人情节严重；

（四）伪造、篡改、隐匿或者销毁遗嘱，情节严重；

（五）以欺诈、胁迫手段迫使或者妨碍被继承人设立、变更或者撤回遗嘱，情节严重。

继承人有前款第三项至第五项行为，确有悔改表现，被继承人表示宽恕或者事后在遗嘱中将其列为继承人的，该继承人不丧失继承权。

受遗赠人有本条第一款规定行为的，丧失受遗赠权。

56. 未出生胎儿有继承权吗?

典型案例

小美和丈夫结婚两年了，前不久在医院检查出已怀孕两个月。对于这个小生命的到来，小美夫妻可谓期待已久。小美的丈夫为了给未出生的孩子创造更好的生活条件，选择去兼职做夜车司机，虽然很辛苦，但却收入不薄。就在一切看上去都朝着美满幸福的方向发展的时候，意外却发生了。小美的丈夫在开夜车的途中与一辆大卡车相撞发生车祸，经抢救无效后死亡。后交警部门作出事故责任认定，认定大卡车一方承担事故全部责任。双方就赔偿事宜达成协议，肇事大卡车一方赔偿死者家属共计 60 万人民币。对于这笔赔偿款，小美认为自己肚子里的孩子也应该继承，而小美的公公婆婆却认为孩子并未出生，不存在所谓的继承问题。为此，小美和公公婆婆走上了诉讼之路。

律师解析

胎儿还未出生，被继承人死亡，在分割遗产时应保留胎儿的继承份额。这是因为被继承人死亡，其承担抚育子女的责任、义务也随之消失。但是胎儿是需要被抚育的，保留胎儿的继承份额可以最大限度地满足其成长需要，减轻其生存压力。就本案来说，法院应该会支持小美的诉讼请求，依法保护胎儿的合法继承权。但是，如果胎儿娩出时是死体的，其继承权利就自始不存在了，那么这部分遗产份额自然恢复到法定继承，会依法被其他法定继承人再继承分割。

法律依据

《中华人民共和国民法典》

第十三条 自然人从出生时起到死亡时止，具有民事权利能力，依法享有民事权利，承担民事义务。

第十六条 涉及遗产继承、接受赠与等胎儿利益保护的，胎儿视为具有民事权利能力。但是，胎儿娩出时为死体的，其民事权利能力自始不存在。

第一千一百五十五条 遗产分割时，应当保留胎儿的继承份额。胎儿娩出时是死体的，保留的份额按照法定继承办理。

57. 父母离婚后，父亲不给抚养费，可以和他断绝关系吗？

典型案例

丁女士与陈先生结婚多年，当初的甜蜜被双方不同的价值观以及生活方式消磨殆尽。而更让她和女儿承受不住的是对方暴虐的性格。之后第三者的出现，彻底压垮了这段名存实亡的婚姻。丁女士跟陈先生协议离婚。按照当时的双方约定，女儿的抚养权归刘女士，陈先生要给女儿每月支付生活费750元，直至她完成学业。但从去年开始，陈先生就没有支付抚养费了。去年，丁女士将陈先生告上了法院，要求其按照离婚协议支付女儿的抚养费，并且希望女儿能够与前夫断绝父女关系，从此两不相欠。

律师解析

断绝父母子女关系没有法律依据，依法不受法律保护。父母和子女关系是一种血亲关系，血亲关系多因血缘关系而形成，血缘关系不能通过法律或其他手段人为加以解除。具体到本案，可以从情感上“断绝”关系，但是在法律上这种天然血缘关系是不可以进行解除的。不过虽然血缘关系无法解除，但是基于法律义务的父亲对于子女的监护义务，在子女年满 18 周岁以后可以自动解除。丁女士和陈先生离婚协议中有抚养费的具体支付等内容，那么丁女士可以到法院提起诉讼，主张陈先生履行离婚协议的抚养费内容，在拿到有效的判决书或者调解书后，申请法院强制执行。

法律依据

《中华人民共和国民法典》

第二十六条　父母对未成年子女负有抚养、教育和保护的义务。

成年子女对父母负有赡养、扶助和保护的义务。

第一千零六十七条　父母不履行抚养义务的，未成年子女或者不能独立生活的成年子女，有要求父母给付抚养费的权利。

成年子女不履行赡养义务的，缺乏劳动能力或者生活困难的父母，有要求成年子女给付赡养费的权利。

58. 什么是离婚冷静期?

典型案例

小强和小雨结婚 5 年，育有一子，婚后双方不同的价值观以及生活方式令双方都痛苦不堪，准备协议离婚，两个人就夫妻财产和子女抚养达成一致意见。但是小雨最近通过新闻了解到协议离婚新增“离婚冷静期”，于是小强和小雨到律师事务所咨询什么是离婚冷静期。

律师解析

2021年1月1日之后，自愿离婚的当事人不能再当场办理离婚登记。根据《民法典》婚姻家庭编的相关规定，夫妻双方自愿离婚的，应在签订离婚协议后到婚姻登记机关申请离婚登记。在申请离婚登记后的30日内，如任何一方不愿离婚的，可以向婚姻登记机关撤回离婚登记申请。这即为我们常说的一个月离婚冷静期。

事实上，离婚冷静期并非只有一个月，在前述一个月冷静期满后，双方还需在30天内亲自到婚姻登记机关申请发给离婚证，逾期未申请则视为撤回离婚登记申请。也就是说，如果双方在离婚冷静期内都没有撤回离婚申请，还需要在一个月内前去领取离婚证，如果此时反悔不去领证则无法办理离婚登记，要求离婚的一方须到法院起诉离婚。

法律依据

《中华人民共和国民法典》

第一千零七十七条 自婚姻登记机关收到离婚登记申请之日起三十日内，任何一方不愿意离婚的，可以向婚姻登记机关撤回离婚登记申请。

前款规定期限届满后三十日内，双方应当亲自到婚姻登记机关申请发给离婚证；未申请的，视为撤回离婚登记申请。

59. 电脑打印的遗嘱有效吗？

典型案例

小洁早年失去丈夫，有二儿一女，小洁一直同女儿小霞生活在一起。小洁年初书写了一份遗嘱，然后请人用电脑打印出来，上面打印了小洁的名字和立遗嘱的时间，但无小洁的亲笔签名。遗嘱中指定由大儿子小程、二儿子小妙分别继承6间楼房的一半。银行存款21万余元及利息，全部金银首饰、珠宝及生活用品均由女儿小霞继承。后小洁去世。小霞以母亲的遗嘱为凭据将存款21万余元及利息取出并转存，其大哥小程、二哥小妙以母亲遗嘱是电脑打印，没有法律效力，小霞不能一人占有存款为由向人民法院提起诉讼。那么，小霞持有的电脑打印的遗嘱是否受法律保护？

律师解析

打印出来的遗嘱是否有效，应当看是否符合下列要件，符合规定的就是有效的遗嘱：（1）遗嘱人必须要有完全民事行为能力；（2）打印遗嘱应当有两个以上见证人在场见证；（3）遗嘱人和见证人应当在遗嘱每一页签名，并注明年、月、日。打印遗嘱没有本人签名的，遗嘱无效；遗嘱人所立的遗嘱必须是其真实意思表示，受胁迫、欺骗所立的遗嘱无效；伪造的遗嘱无效；遗嘱被篡改的，篡改的内容无效；遗嘱人对遗嘱所处分的财产必须是有处分权的；遗嘱的内容必须合法。

具体到本案，这份打印的遗嘱应属无效。如无其他充分证据证明，小霞持有的电脑打印的遗嘱是不受法律保护的。小霞的电脑打印的遗嘱缺少电脑打字人、其他见证人和遗嘱人的亲笔签名，不符合打印遗嘱的法定形式要件，该遗嘱应归于无效。不过，如果小霞还持有其母书写的底稿，底稿上书写有其母的签名，并注明年、月、日，就可以按这份自书遗嘱的内容分割其母亲的遗产。

法律依据

《中华人民共和国民法典》

第一千一百三十四条 自书遗嘱由遗嘱人亲笔书写，签名，注明年、月、日。

第一千一百三十六条 打印遗嘱应当有两个以上见证人在场见证。遗嘱人和见证人应当在遗嘱每一页签名，注明年、月、日。

60. 父亲去世，儿子需要替父亲还钱吗？

典型案例

钱某因病去世后，其子小钱继承了所有的遗产，价值大约100万元。不久，钱某的朋友王某找到小钱，拿出钱某的15万元欠条，要求小钱归还钱某的借款，小钱不予理睬。小钱认为，钱是父亲欠的，所谓“人死账烂”，自己没有代父还款的义务。王某无奈，遂起诉至法院。那么，法院能支持王某的诉求吗？

律师解析

小钱应该承担还款的义务。根据相关法律规定，继承人在继承遗产时，应当清偿被继承人依法应当缴纳的税款和债务，缴税和偿债应以遗产的实际价值为限。税款和债务超出遗产实际价值的部分，不在清偿范围内，继承人自愿归还的不在此限。本案中，小赵继承的遗产是100万元，而被继承人的债务仅15万元，还债后还绰绰有余，因此小钱应该偿还这笔债务。

法律依据

《中华人民共和国民法典》

第一千一百六十一条 继承人以所得遗产实际价值为限清偿被继承人依法应当缴纳的税款和债务。超过遗产实际价值部分，继承人自愿偿还的不在此限。

继承人放弃继承的，对被继承人依法应当缴纳的税款和债务可以不负清偿责任。

61. 丈夫欠债，妻子如何自保？

典型案例

李某向姜某借款累计30万元，并对借款利息进行约定。后姜某多次要求李某偿还借款本金和利息，李某虽认可借款事实，但一直未予偿还。借款时，李某与张某之间存在婚姻关系。姜某起诉要求李某、张某共同偿还本金和利息。审理中，李某辩称，其确实向姜某借了30万元，借款时并未与张某离婚；对于借款用途，李某先是主张用于偿还其之前所欠的赌债，后又主张其中的10万元用于代他人还信用卡。张某辩称，双方已经离婚，且离婚时对债务进行了约定，此事与其无关；李某借款30万元远远超过家庭日常生活所需，借款也未用于夫妻共同生活、共同生产经营。姜某也无证据证明该笔债务用于李某夫妻共同生活、共同生产经营。对于李某的30万元借款，张某是否有连带偿还义务呢？

律师解析

认定为夫妻共同债务的，存在以下三种情况：一是"共债共签"，二是日常家庭生活所需，三是债权人能够证明超出日常生活需要的债务为共同所负。具体到本案，李某向姜某所借的30万元明显超出家庭日常生活所需，张某亦表示对借款不知情且借款未用于夫妻共同生活。此情况下，姜某应举证证明该债务属于夫妻共同生活、共同生产经营所负，或者所负债务基于夫妻双方共同的意思表示。如不能证明，姜某应承担举证不能的后果，即案涉债务不能认定为夫妻共同债务。

在夫妻一方大额举债的情形下，非举债方要想免除自身责任，可以运用排除法，即证明共同生活所需实际花费，说明无对外举债之必要。收集日常生活开支证据，包括银行流水、信用卡记录、支付宝账单、微信转账记录、手账、购物发票等反映日常衣食住行及因教育、医疗等产生的日常共同生活开支。

法律依据

《中华人民共和国民法典》

第一千零六十五条 男女双方可以约定婚姻关系存续期间所得的财产以及婚前财产归各自所有、共同所有或者部分各自所有、部分共同所有。约定应当采用书面形式。没有约定或者约定不明确的，适用本法第一千零六十二条、第一千零六十三条的规定。

夫妻对婚姻关系存续期间所得的财产以及婚前财产的约定，对双方具有法律约束力。

夫妻对婚姻关系存续期间所得的财产约定归各自所有，夫或者妻一方对外所负的债务，相对人知道该约定的，以夫或者妻一方的个人财产清偿。

第三篇　日常消费

62. 网购商品与描述不符该怎样维权?

典型案例

年轻妈妈月月在6月生下了可爱的宝宝，随着天气越来越热，蚊虫也越来越多，为了让孩子不受蚊虫叮咬，月月在网上购买了一款国外较为有名的驱蚊水。在购买这款驱蚊水之前，月月还特地问了商家是否为正品，商家向她再三保证自己不卖假货。几天后，月月收到了快递，打开后竟发现是假货。月月拿到的这款驱蚊水与家里的正品相差甚远，连商标都是错误的。月月看到后气不打一处来，她很快就找到了卖家。面对月月的质问，卖家先是态度敷衍，随后又说是厂家货物发过来就是这样的。月月气不过，跟卖家争论了几句后，卖家竟开始骂人。当月月申请退款后，商家又拒绝了她的退款申请。于是，月月找到网络平台投诉，她的问题会得到解决吗?

律师解析

在网上平台开店经营都需要办理正式经营和备案手续，一旦店家与顾客出现纠纷，网络平台应该积极协助消费者解决问题，并提供店家的信息，便于消费者起诉和维权。如果网络平台拒绝提供商家信息，要承担不利于自己的责任。如果店家提供的商品或服务有欺诈行为的，还可要求赔偿。

法律依据

《中华人民共和国消费者权益保护法》

第四十四条 消费者通过网络交易平台购买商品或者接受服务，其合法权益受到损害的，可以向销售者或者服务者要求赔偿。网络交易平台提供者不能提供销售者或者服务者的真实名称、地址和有效联系方式的，消费者也可以向网络交易平台提供者要求赔偿；网络交易平台提供者作出更有利于消费者的承诺的，应当履行承诺。网络交易平台提供者赔偿后，有权向销售者或者服务者追偿。

网络交易平台提供者明知或者应知销售者或者服务者利用其平台侵害消费者合法权益，未采取必要措施的，依法与该销售者或者服务者承担连带责任。

第五十五条 经营者提供商品或者服务有欺诈行为的，应当按照消费者的要求增加赔偿其受到的损失，增加赔偿的金额为消费者购买商品的价款或者接受服务的费用的三倍；增加赔偿的金额不足五百元的，为五百元。法律另有规定的，依照其规定。

经营者明知商品或者服务存在缺陷，仍然向消费者提供，造成消费者或者其他受害人死亡或者健康严重损害的，受害人有权要求经营者依照本法第四十九条、第五十一条等法律规定赔偿损失，并有权要求所受损失二倍以下的惩罚性赔偿。

63. 在超市买到过期商品找谁赔？

典型案例

杨先生在附近的一家超市购买了一袋面包和一瓶水当作午饭，吃的时候他感觉面包的味道有点不对，因为以前的面包都是比较软的，这次购买的面包比较硬。发现面包的味道不对之后，杨先生马上就查看了面包的生产日期，发现面包已经过期两天了。针对这一问题，杨先生希望超市能够给他一个说法，而超市也承认杨先生是在他们这里购买的面包，但是超市老板认为杨先生应该向生产厂家索赔。那么在超市买到过期商品该找谁赔？

律师解析

在日常购买食品时，如果消费者买到过期食品，可以直接去找商户索赔。经营超过保质期的食品、食品添加剂、食品相关产品，造成人身、财产或者其他损害的，经营者应当依法承担赔偿责任。生产不符合食品安全标准的食品或者销售明知是不符合食品安全标准的食品，消费者除可以要求赔偿损失外，还可以向生产者或者销售者要求支付价款10倍或者损失3倍的赔偿金；增加赔偿的金额不足1000元的，赔偿1000元。

法律依据

《中华人民共和国食品安全法》

第一百四十八条 消费者因不符合食品安全标准的食品受到损害的，可以向经营者要求赔偿损失，也可以向生产者要求赔偿损失。接到消费者赔偿要求的生产经营者，应当实行首负责任制，先行赔付，不得推诿；属于生产者责任的，经营者赔偿后有权向生产者追偿；属于经营者责任的，生产者赔偿后有权向经营者追偿。

生产不符合食品安全标准的食品或者经营明知是不符合食品安全标准的食品，消费者除要求赔偿损失外，还可以向生产者或者经营者要求支付价款十倍或者损失三倍的赔偿金；增加赔偿的金额不足一千元的，为一千元。但是，食品的标签、说明书存在不影响食品安全且不会对消费者造成误导的瑕疵的除外。

64. 去饭店吃饭可以自带酒水吗?

典型案例

初某公司聚会到饭店就餐，并自带了两瓶红酒，当公司一行人刚要拿出来喝时，被服务员制止并告知该店禁止自带酒水。初某很生气，与酒店工作人员争论起来。但酒店坚持不允许初某喝自带的红酒，但初某不予以理睬，还是和同事们喝了自带的红酒。在结账时酒店要多收 500 元“开瓶费”，初某拒绝缴纳并打电话报警。饭店的做法合法吗?

律师解析

有很多地方的餐饮店都以店堂告示的形式禁止消费者自带酒水，这其实侵犯了消费者的自主选择权，是违反《消费者权益保护法》的规定的。饭店的做法是不合法的，初某有权拒交“开瓶费”。

法律依据

《中华人民共和国消费者权益保护法》

第九条 消费者享有自主选择商品或者服务的权利。

第十条 消费者有权自主选择提供商品或者服务的经营者，自主选择商品品种或者服务方式，自主决定购买或者不购买任何一种商品、接受或者不接受任何一项服务。

消费者在自主选择商品或者服务时，有权进行比较、鉴别和挑选。

第十条 消费者享有公平交易的权利。

消费者在购买商品或者接受服务时，有权获得质量保障、价格合理、计量正确等公平交易条件，有权拒绝经营者的强制交易行为。

65. 网店标明“不支持七天无理由退货”有效吗?

典型案例

小欢在某电商平台拼购活动中看中一款电脑，虽发现是第三方卖家 A 公司在销售，但活动页面有“支持七天无理由退换货”的标示，出于对电商平台的信任，小欢决定先购买，如电脑不合适再退货。货到后，小欢拆开包装后 30 分钟内，发现该电脑油漆味过大，并且性能很差，怀疑是翻新机，便立刻申请退货。但是店家和电商平台相互推责，最后店家告知小欢，在销售页面的最下面一页，标注着“该电脑属于贵重物品，一经激活拒绝退货”，在包装箱中也附有《致买家的一封信》。小欢感觉这与电商平台首页支持七天无理由退换货的宣传形成冲突，属明显的欺诈消费者行为。

律师解析

“七天无理由退货”是经常网购的朋友们耳熟能详的规则，“七天无理由退货”虽为法律所规定，但“无理由退货”并不意味着“无条件退货”，此处的“无理由”应满足法定或约定的退货条件。店家在图文详情页标明“已激活、已拆封的电脑产品不支持七天无理由退货，请您确认需求后再激活使用”，以及在《致买家的一封信》中也清楚提示“该产品属于贵重物品，购买前请务必确认产品型号、颜色及性能，一旦拆封将影响二次销售，且价值折损较大，所以拆封后不支持七天无理由退换货”。此案中，双方当事人提交的证据均证明A公司在销售页面标示了不支持七天无理由退货的情况，且两处标示内容相对醒目，销售过程中也设置了显著的确认程序。现小欢已将涉案电脑激活，A公司以此为由拒绝退货属于合法要求。

法律依据

《中华人民共和国消费者权益保护法》

第二十四条 经营者提供的商品或者服务不符合质量要求的，消费者可以依照国家规定、当事人约定退货，或者要求经营者履行更换、修理等义务。没有国家规定和当事人约定的，消费者可以自收到商品之日起七日内退货；七日后符合法定解除合同条件的，消费者可以及时退货，不符合法定解除合同条件的，可以要求经营者履行更换、修理等义务。

依照前款规定进行退货、更换、修理的，经营者应当承担运输等必要费用。

第二十五条 经营者采用网络、电视、电话、邮购等方式销售商品，消费者有权自收到商品之日起七日内退货，且无须说明理由，但下列商品除外：

（一）消费者定作的；

（二）鲜活易腐的；

（三）在线下载或者消费者拆封的音像制品、计算机软件等数字化商品；

（四）交付的报纸、期刊。

除前款所列商品外，其他根据商品性质并经消费者在购买时确认不宜退货的商品，不适用无理由退货。

消费者退货的商品应当完好。经营者应当自收到退回商品之日起七日内返还消费者支付的商品价款。退回商品的运费由消费者承担；经营者和消费者另有约定的，按照约定。

66. 照相馆弄丢了结婚照，顾客能要求赔偿精神损失吗？

典型案例

田先生的母亲过八十大寿，全家老少相约到影楼拍全家福，可是拍完全家福后没几天，田先生的母亲突发心梗去世。在办完母亲的丧事后，田先生想起去影楼取照片，却被影楼告知照片不慎丢失，底片也已损坏，但影楼愿意退赔所有的费用并承诺重拍照片，可田先生说母亲已离世，没有办法重拍，要求影楼赔偿精神损失 10 万元。后田先生诉至法院，经调解，影楼赔礼道歉并赔偿田先生 5 万元精神损失。

律师解析

全家福对于田先生具有重要的意义，是不可替代的纪念品。这类具有人格象征意义的特定纪念物品，由于其所具有的特定性以及唯一性，其精神价值已经远远高于其使用价值，它的损毁或者灭失对当事人具有不可挽回的损失。实际精神赔偿金视具体情况而定，如纪念价值较大，可以适当提高精神损害赔偿金的诉求。我国相关法律规定，具有人格象征意义的特定纪念物品，因侵权行为而永久性灭失或者毁损，物品所有人以侵权为由，向人民法院起诉请求赔偿精神损害的，人民法院应当依法予以受理。

法律依据

《最高人民法院关于确定民事侵权精神损害赔偿责任若干问题的解释》

第一条　因人身权益或者具有人身意义的特定物受到侵害，自然人或者其近亲属向人民法院提起诉讼请求精神损害赔偿的，人民法院应当依法予以受理。

《中华人民共和国民法典》

第五百七十七条　当事人一方不履行合同义务或者履行合同义务不符合约定的，应当承担继续履行、采取补救措施或者赔偿损失等违约责任。

第九百九十六条　因当事人一方的违约行为，损害对方人格权并造成严重精神损害，受损害方选择请求其承担违约责任的，不影响受损害方请求精神损害赔偿。

67. 超市可以对顾客搜身检查吗?

典型案例

一个周末的下午，19岁的王某在某超市购物，在购物结束离开超市时，超市门口的电子安检门警报铃声突然响了起来，超市保安拦住了王某，要求王某把偷拿超市的商品交出来。王某说自己并没有偷拿超市的东西，见王某不配合，保安就把王某带到超市的值班室里面，对王某的衣服进行搜查。在搜查无果后，保安又喊来一名超市的女员工，将王某带到超市的女厕所里面继续进行搜查，结果还是一无所获，这才把王某放行。超市保安的做法是否违法?

律师解析

超市这样做是违法的，商场不是法律规定的特定国家机关，无权限制公民的人身自由，无权搜查公民的身体。《消费者权益保护法》赋予了消费者受尊重权，即消费者在购买、使用商品和接受服务时享有人格尊严、民族风俗习惯等受尊重的权利。本案中，商场的搜查行为明显侵犯了王某的受尊重权，应依法承担相应的民事责任，赔礼道歉并赔偿精神损失。

法律依据

《中华人民共和国民法典》

第一百零九条 自然人的人身自由、人格尊严受法律保护。

《中华人民共和国消费者权益保护法》

第二十七条 经营者不得对消费者进行侮辱、诽谤，不得搜查消费者的身体及其携带的物品，不得侵犯消费者的人身自由。

第五十条 经营者侵害消费者的人格尊严、侵犯消费者人身自由或者侵害消费者个人信息依法得到保护的权利的，应当停止侵害、恢复名誉、消除影响、赔礼道歉，并赔偿损失。

68. 商品试用后必须购买吗？

典型案例

司某某看商场促销手机，免费试用 15 天，便与商场签订试用合同。手机拿回家使用了 12 天，觉得不是很好用，于是不打算购买。但此时司某某出差去了外地，过了 7 天才回来，此时试用期 15 天已经过了。司某某去商场想拒绝购买此手机，商场以过了试用期为由，且司某某没有明确表示拒绝购买，就已经表示司某某已经同意购买了，不接受司某某的要求。司某某认为，自己没有表示购买，不应该认为自己同意购买，之所以没有按时间来还手机，是因为自己出差了。司某某与商场发生纠纷。

律师解析

试用买卖是指约定买受人先行试用标的物，然后在一定期间内再决定是否购买的买卖合同。试用买卖是一种附条件的买卖合同。在试用买卖合同中，买受人的基本权利是买受人在试用期内可以购买标的物，也可以拒绝购买。试用期内可以随时终止试用，明示不予购买。需要注意的是：当试用期间届满，买受人对是否购买标的物未作表示的，视为购买。

法律依据

《中华人民共和国民法典》

第六百三十七条　试用买卖的当事人可以约定标的物的试用期限。对试用期限没有约定或者约定不明确，依据本法第五百一十条的规定仍不能确定的，由出卖人确定。

第六百三十八条　试用买卖的买受人在试用期内可以购买标的物，也可以拒绝购买。试用期限届满，买受人对是否购买标的物未作表示的，视为购买。

试用买卖的买受人在试用期内已经支付部分价款或者对标的物实施出卖、出租、设立担保物权等行为的，视为同意购买。

第六百三十九条　试用买卖的当事人对标的物使用费没有约定或者约定不明确的，出卖人无权请求买受人支付。

69.“物品丢失概不负责”的告示有法律效力吗？

典型案例

王女士是超市会员，经常去超市采购。超市门口有储物电子锁柜，一次，王女士当着服务员的面将外套、包和苹果手机等全部锁进柜子里。可是，王女士逛完超市后发现柜子被人打开，包里的贵重物品都不见了，急忙找到服务员问询，但服务员却以墙上的“物品丢失概不负责”来推脱责任。那么，超市“物品丢失概不负责”的说法合理合法吗？王女士的权益如何维护？

律师解析

超市的做法是违法的，超市提供服务时应该履行基本的安保义务，对贵重物品应该做到风险提示或代为保管，提供的储物电子锁柜应该具备安全保障功能，而不能推卸责任。商家也有明示告知的义务。王女士的贵重物品丢失，其责任在于该超市管理不慎所致。所以，王女士有权向超市索赔。

法律依据

《中华人民共和国消费者权益保护法》

第二十六条 经营者在经营活动中使用格式条款的，应当以显著方式提请消费者注意商品或者服务的数量和质量、价款或者费用、履行期限和方式、安全注意事项和风险警示、售后服务、民事责任等与消费者有重大利害关系的内容，并按照消费者的要求予以说明。

经营者不得以格式条款、通知、声明、店堂告示等方式，作出排除或者限制消费者权利、减轻或者免除经营者责任、加重消费者责任等对消费者不公平、不合理的规定，不得利用格式条款并借助技术手段强制交易。

格式条款、通知、声明、店堂告示等含有前款所列内容的，其内容无效。

70. 赠品有质量问题可以索赔吗？

典型案例

苏女士到超市购买了一台饮水机，超市为促销，随机赠了一盒礼品，内装巧克力等食品。苏女士回家后发现食品有异味且部分霉变。赠送商品存在质量问题时，能否要求商家退换或要求赔偿呢？

律师解析

赠品有质量问题也可以要求赔偿。获取货真价实的商品是消费者不可侵犯的权利，即使是附赠品，也是商家用于销售的产品，亦应当具备合格的品质，商家不得以赠送为由提供不合格产品或者假冒产品。因此，对于商家用于促销的奖品或者赠品如果有质量问题，消费者同样可以要求退换或者赔偿。

法律依据

《中华人民共和国消费者权益保护法》

第二十三条第一款 经营者应当保证在正常使用商品或者接受服务的情况下其提供的商品或者服务应当具有的质量、性能、用途和有效期限；但消费者在购买该商品或者接受该服务前已经知道其存在瑕疵，且存在该瑕疵不违反法律强制性规定的除外。

《中华人民共和国民法典》

第六百六十二条 赠与的财产有瑕疵的，赠与人不承担责任。附义务的赠与，赠与的财产有瑕疵的，赠与人在附义务的限度内承担与出卖人相同的责任。

赠与人故意不告知瑕疵或者保证无瑕疵，造成受赠人损失的，应当承担赔偿责任。

71. 包间可以设定最低消费吗?

典型案例

邱先生与朋友到某茶楼喝茶，为了便于和朋友聊天，特地预约了茶楼包间。邱先生在结账时，按账单只需付50元，但服务员却要收其88元，并称茶楼有规定，最低消费为88元。茶楼包间设定“最低消费”合法吗?

律师解析

经营者“最低消费”的规定，侵犯了消费者自主选择权和公平交易的权利，是经营者强迫消费者接受其规定的价格的行为，应认定为一种违法行为。因此，该茶楼设定“最低消费”于法无据。但只要商家在消费者消费前向消费者明示或者口头告知最低消费标准，并给予消费者是否在此消费的选择权，就不存在过错。茶楼应该在邱先生消费前明示或者口头告知包间最低消费标准，这样邱先生就具有了选择权，之后的消费行为就受此约束。

法律依据

《中华人民共和国消费者权益保护法》

第十一条 消费者享有公平交易的权利。

消费者在购买商品或者接受服务时，有权获得质量保障、价格合理、计量正确等公平交易条件，有权拒绝经营者的强制交易行为。

72. 快递柜收保管费合法吗？

典型案例

周女士在单位接到短信“您的快递已为您存放到快递柜中”并附上取件码。由于工作关系，周女士第二天才去快递柜取快递，在快递柜取件时看到电子屏显示：“已为您守护包裹7小时”。屏幕上还有一个“1元保管费”的“赞赏”二维码的标识。为了拿到快递，周女士按提示付了1元才开柜取件，那么快递柜收保管费合法吗？

律师解析

快递代收原本是为方便用户设置的，是为用户提供便利的好事，然而有的代收点因收费问题给用户增加了额外负担。快递企业投送快递应让收件人或者代收人当面验收，如果未征得收件人同意，是无权强制将快递件投放在快递柜或代收点的。如果快递员没有预先征得同意，收件人又因出差、旅游等暂时不能领取快递件，放在代收点或快递柜中的物品逾期未取产生的费用应由快递企业承担。因为放在代收点或快递柜的使用并非经收件人同意，收件人未与快递柜、代收点的提供商建立合同关系，提供商也无权向收件人收取费用。

法律依据

《快递暂行条例》

第二十五条　经营快递业务的企业应当将快件投递到约定的收件地址、收件人或者收件人指定的代收人，并告知收件人或者代收人当面验收。收件人或者代收人有权当面验收。

《智能快件箱寄递服务管理办法》

第二十二条　智能快件箱使用企业使用智能快件箱投递快件，应当征得收件人同意；收件人不同意使用智能快件箱投递快件的，智能快件箱使用企业应当按照快递服务合同约定的名址提供投递服务。寄件人交寄物品时指定智能快件箱作为投递地址的除外。

73. 快递丢失如何赔偿?

典型案例

陈某网购了一部手机，价款 2800 元，收货后因不满意，遂通过快递方式退货，陈某将货物包装好交付给某快递公司的工作人员并支付快递费。后该手机在流通环节中因不明原因丢失，陈某要求快递公司赔偿他手机价款，但却被快递公司告知，因其未选择保价，所以只能赔偿他 3 倍的快递费，大约 30 元。陈某无法接受这样的赔付结果，遂将该快递公司告上法庭，要求其赔偿手机损失 2800 元。

律师解析

保价快件丢失、损毁的，按照保价金额赔付。未保价快件丢失、毁损的，托运方对寄递物品的实际价值负有举证责任，如能举证该物品的实际价值，则按照实际价值进行赔偿。陈某作为托运方有举证责任，如当时购买手机的发票等，如果能证明商品的实际价值，则快递公司需按照实际价值赔偿。

法律依据

《中华人民共和国民法典》

第八百三十二条 承运人对运输过程中货物的毁损、灭失承担赔偿责任。但是，承运人证明货物的毁损、灭失是因不可抗力、货物本身的自然性质或者合理损耗以及托运人、收货人的过错造成的，不承担赔偿责任。

《快递暂行条例》

第二十七条 快件延误、丢失、损毁或者内件短少的，对保价的快件，应当按照经营快递业务的企业与寄件人约定的保价规则确定赔偿责任；对未保价的快件，依照民事法律的有关规定确定赔偿责任。

国家鼓励保险公司开发快件损失赔偿责任险种，鼓励经营快递业务的企业投保。

第四篇　物权篇

74. 夫妻一方擅自卖房，另一方可以把房子要回来吗?

典型案例

吴先生和妻子李女士因感情不和正在闹离婚。在法院审理离婚诉讼期间，吴先生将自己名下的夫妻共同房产卖掉，妻子刘女士知道后不同意分款，要求法院冻结该笔房款，中止离婚案诉讼，另行起诉吴先生与买房人的买卖协议无效。法院审理后认为买方属于善意取得，没有支持李女士的诉求。

律师解析

本案的焦点在于该房屋所有权是否基于善意取得发生了转移。符合善意取得的条件是：（1）受让人受让该不动产或者动产时是善意的；（2）以合理的价格转让；（3）转让的不动产或者动产依照法律规定应当登记的已经登记，不需要登记的已经交付给受让人。同时满足以上条件的，所有权发生转移。因此本案中房屋的所有权已经发生转移，买房人具有该房的所有权，无须返还。李女士可在离婚诉讼中要求多分房款，法院是应当支持的。

法律依据

《中华人民共和国民法典》

第三百一十一条　无处分权人将不动产或者动产转让给受让人的，所有权人有权追回；除法律另有规定外，符合下列情形的，受让人取得该不动产或者动产的所有权：

（一）受让人受让该不动产或者动产时是善意；

（二）以合理的价格转让；

（三）转让的不动产或者动产依照法律规定应当登记的已经登记，不需要登记的已经交付给受让人。

受让人依据前款规定取得不动产或者动产的所有权的，原所有权人有权向无处分权人请求损害赔偿。

当事人善意取得其他物权的，参照适用前两款规定。

75. 归还捡到的手机，可以向失主索要酬金吗？

典型案例

郝小刚在购物平台花费 8000 元购买了新手机，在等公交车时不慎遗失，便在朋友圈登出寻找启示并承诺会出 2000 元感谢费给拾得人。该朋友圈内容经朋友转发恰好被魏某看到，正是魏某拾得该手机，便联系了郝小刚约定见面归还手机，见面后郝小刚确认是自己丢失的手机，便掏出了 1000 元感谢魏某。可魏某觉得既然郝小刚在朋友圈承诺会出 2000 元感谢费，为什么才给 1000 元。双方发生争执。

律师解析

拾得遗失物是应当返还权利人的，拾得人有权向遗失人主张支付保管遗失物等必要费用。权利人悬赏寻找遗失物的，领取遗失物时应当按照承诺履行义务。因此，魏某拾得手机应当返还给钱某，郝小刚应当给付魏某 2000 元感谢费，否则魏某可以向郝小刚提起债权给付之诉。

法律依据

《中华人民共和国民法典》

第三百一十四条　拾得遗失物，应当返还权利人。拾得人应当及时通知权利人领取，或者送交公安等有关部门。

第三百一十七条　权利人领取遗失物时，应当向拾得人或者有关部门支付保管遗失物等支出的必要费用。

权利人悬赏寻找遗失物的，领取遗失物时应当按照承诺履行义务。

拾得人侵占遗失物的，无权请求保管遗失物等支出的费用，也无权请求权利人按照承诺履行义务。

76. 安装护栏需要邻居同意吗？

典型案例

何某所在的小区半个月内接连发生几起入室盗窃案件，业主们便开始陆续安装护栏，何某也不例外开始在自家安装护栏。刚开始安装，隔壁邻居就来找何某说其安装护栏影响邻居采光并侵占了邻居阳台的部分空间，不让何某安装。双方都将对方投诉到了物业，安装护栏需要邻居同意吗？

律师解析

在自家阳台装防盗栏，首先要遵守地方政府的相关规定，其次不得违反《物业服务协议》《业主公约》的约定，最后对其建筑物专有部分行使权利不得危及建筑物的安全，不得损害其他业主的合法权益。因此，在自家阳台安装护栏，不仅仅是自己家的事，确实要经过物业、相邻业主同意，不能妨碍到邻居。如果全体业主召开大会经三分之二表决同意全体业主安装防盗栏，在不违反地方政府的相关规定的情况下，业主是可以安装防盗栏的。

法律依据

《中华人民共和国民法典》

第二百七十一条 业主对建筑物内的住宅、经营性用房等专有部分享有所有权，对专有部分以外的共有部分享有共有和共同管理的权利。

第二百七十二条 业主对其建筑物专有部分享有占有、使用、收益和处分的权利。业主行使权利不得危及建筑物的安全，不得损害其他业主的合法权益。

《物业管理条例》

第六十三条 违反本条例的规定，有下列行为之一的，由县级以上地方人民政府房地产行政主管部门责令限期改正，给予警告，并按照本条第二款的规定处以罚款；所得收益，用于物业管理区域内物业共用部位、共用设施设备的维修、养护，剩余部分按照业主大会的决定使用：

（一）擅自改变物业管理区域内按照规划建设的公共建筑和共用设施用途的；

（二）擅自占用、挖掘物业管理区域内道路、场地，损害业主共同利益的；

（三）擅自利用物业共用部位、共用设施设备进行经营的。

个人有前款规定行为之一的，处1000元以上1万元以下的罚款；单位有前款规定行为之一的，处5万元以上20万元以下的罚款。

77. 不在小区住，可以不交物业费吗?

典型案例

曲先生是某小区业主，一年前买了该小区的房子，并办理了收房手续。不过，曲先生只对房屋进行了简单装修，并未居住。不久前物业公司要求曲先生缴纳所欠的2000多元物业费，另外还有不明数额的电梯费等。不在小区住，可以不交物业费吗?

律师解析

曲先生已经办理了房屋收房手续，在现实情况下，办理房屋收房手续的同时往往已和物业公司签订了物业服务合同，因此从法律意义上来讲，曲先生作为业主与物业公司的服务合同关系已经建立，物业公司已经开始为其提供服务，故曲先生在收房后即使不在小区住，也应该缴纳物业费。

法律依据

《中华人民共和国民法典》

第九百四十四条 业主应当按照约定向物业服务人支付物业费。物业服务人已经按照约定和有关规定提供服务的，业主不得以未接受或者无须接受相关物业服务为由拒绝支付物业费。

业主违反约定逾期不支付物业费的，物业服务人可以催告其在合理期限内支付；合理期限届满仍不支付的，物业服务人可以提起诉讼或者申请仲裁。

物业服务人不得采取停止供电、供水、供热、供燃气等方式催交物业费。

78. 自家宅基地翻建需要审批吗?

典型案例

王某所在的辛庄村准备拆迁，为了得到更多的拆迁补偿，王某便悄悄翻建房屋，准备扩建到三层。当准备起盖第二层时，遭到邻居的强烈反对，邻居找到村委会要求王某停建。村委会勒令王某停止翻建自家宅基地。

律师解析

王某虽然是在自己的房子上翻建房屋，但应该获得审批，而相关部门在审批时要征求建房者的四邻同意并签字。建房不能妨碍邻居们的通行、通风、采光和日照，也不能任性地想盖多高就多高。

但根据相关法律规定，某个村的宅基地翻建是否实行规划许可管理，还得具体看各省有没有制定相应的规定或者办法。

法律依据

《中华人民共和国民法典》

第二百九十三条 建造建筑物，不得违反国家有关工程建设标准，不得妨碍相邻建筑物的通风、采光和日照。

《中华人民共和国城乡规划法》

第四十一条第二款 在乡、村庄规划区内使用原有宅基地进行农村村民住宅建设的规划管理办法，由省、自治区、直辖市制定。

79. 业主在公共绿地种菜，其他业主可以铲除吗？

典型案例

老赵和老伴退休后，把自己一楼外面的小区绿地改造成了私家菜园，老两口觉得既可以吃上放心可口的蔬菜又能享受“田园风光”。老赵和老伴每天都给蔬菜施肥、浇水，蔬菜的肥料全来自人畜的粪便。可是肥料的气味和大量被占的公共绿地令邻居们苦不堪言，纷纷向物业反映情况。物业多次找老赵协商未果，那么业主们应该怎么维权呢？

律师解析

依照相关规定，未经全体业主决议和依法办理有关手续，不得改变住宅小区共用设施、设备、公共场地、绿地的使用性质，不得侵犯全体业主的共同使用权。老赵将家门口的小区绿地改造成菜园是不合法且违约的行为。因此，业主们想维权，可以向业主大会和业主委员会求助，业主大会和业主委员会有权依照法律、法规以及管理规约要求行为人停止侵害、消除危险、排除妨害、赔偿损失；也可以通过诉讼的方式判令老赵对改造绿地负有保持原状、不予改变其使用性质、不予侵占的义务，并可判令老赵将占有的绿地恢复原状。

法律依据

《中华人民共和国民法典》

第二百七十四条　建筑区划内的道路，属于业主共有，但是属于城镇公共道路的除外。建筑区划内的绿地，属于业主共有，但是属于城镇公共绿地或者明示属于个人的除外。建筑区划内的其他公共场所、公用设施和物业服务用房，属于业主共有。

《物业管理条例》

第四十九条　物业管理区域内按照规划建设的公共建筑和共用设施，不得改变用途。

业主依法确需改变公共建筑和共用设施用途的，应当在依法办理有关手续后告知物业服务企业；物业服务企业确需改变公共建筑和共用设施用途的，应当提请业主大会讨论决定同意后，由业主依法办理有关手续。

第五十条　业主、物业服务企业不得擅自占用、挖掘物业管理区域内的道路、场地，损害业主的共同利益。

因维修物业或者公共利益，业主确需临时占用、挖掘道路、场地的，应当征得业主委员会和物业服务企业的同意；物业服务企业确需临时占用、挖掘道路、场地的，应当征得业主委员会的同意。

业主、物业服务企业应当将临时占用、挖掘的道路、场地，在约定期限内恢复原状。

80. 家里装修需要物业同意吗?

典型案例

小孟和女朋友恋爱3年准备结婚，在家人的资助下小两口买了一套二手房。新房装修刚请了工人开始砸墙，便惊动了邻居和物业。邻居要求不要在午休时砸墙，因为家里有小孩，而物业公司提出“装修可以，请先办手续，并交装修保证金，墙不能乱砸，不允许砸承重墙，还需按照要求装修”，并给了小孟一份装修注意事项和承诺书。小孟不理解，自己家装修，物业要管，邻居也要管吗?

律师解析

商品房业主虽然是房屋的所有权人，但对房屋的装修不能随心所欲，尤其不能妨碍他人或者公共利益。业主私自拆除承重墙、破坏房屋外貌都是法律所禁止的。物业公司依法有权对业主的装修进行监管，如小孟擅自拆除承重墙，损坏了房屋的承重结构，给房屋带来的安全隐患已经危及相邻方的利益，故此邻居、物业有权要求其停止并按照要求装修。

法律依据

《中华人民共和国民法典》

第九百四十五条第一款 业主装饰装修房屋的，应当事先告知物业服务人，遵守物业服务人提示的合理注意事项，并配合其进行必要的现场检查。

《物业管理条例》

第四十五条第一款 对物业管理区域内违反有关治安、环保、物业装饰装修和使用等方面法律、法规规定的行为，物业服务企业应当制止，并及时向有关行政管理部门报告。

第五十二条 业主需要装饰装修房屋的，应当事先告知物业服务企业。

物业服务企业应当将房屋装饰装修中的禁止行为和注意事项告知业主。

81. 物业公司有权收停车费吗?

典型案例

陈先生在某小区已经居住5年，当初买房也是因为该小区绿化比较好。可最近陈先生发现小区物业未经业主同意擅自将一片绿地变成停车场，原本小区内随意停放的车辆也开始由物业计时收费。陈先生想知道，物业公司有权收停车费吗?

律师解析

物业公司并不是收取停车费的主体，其无权直接收取车位费。决定收取小区停车费的权利主体是业主大会或业主委员会。也就是说，对于共用车位实施停车收费这个涉及全体业主权益的事项，应召开业主大会经参与表决专有部分面积四分之三以上的业主且参与表决人数四分之三以上的业主同意，然后由业主委员会与物业公司签订相关协议，约定车位费分成比例，由物业公司具体执行停车收费及管理事宜，物业公司只是受业主大会或业主委员会的委托，对业主停车进行收费。

法律依据

《中华人民共和国民法典》

第二百七十五条　建筑区划内，规划用于停放汽车的车位、车库的归属，由当事人通过出售、附赠或者出租等方式约定。

占用业主共有的道路或者其他场地用于停放汽车的车位，属于业主共有。

第二百七十六条　建筑区划内，规划用于停放汽车的车位、车库应当首先满足业主的需要。

第二百七十八条　下列事项由业主共同决定：

（一）制定和修改业主大会议事规则；

（二）制定和修改管理规约；

（三）选举业主委员会或者更换业主委员会成员；

（四）选聘和解聘物业服务企业或者其他管理人；

（五）使用建筑物及其附属设施的维修资金；

（六）筹集建筑物及其附属设施的维修资金；

（七）改建、重建建筑物及其附属设施；

（八）改变共有部分的用途或者利用共有部分从事经营活动；

（九）有关共有和共同管理权利的其他重大事项。

业主共同决定事项，应当由专有部分面积占比三分之二以上的业主且人数占比三分之二以上的业主参与表决。决定前款第六项至第八项规定的事项，应当经参与表决专有部分面积四分之三以上的业主且参与表决人数四分之三以上的业主同意。决定前款其他事项，应当经参与表决专有部分面积过半数的业主且参与表决人数过半数的业主同意。

第二百八十二条 建设单位、物业服务企业或者其他管理人等利用业主的共有部分产生的收入，在扣除合理成本之后，属于业主共有。

82. 在自家院子里挖到宝贝应归谁?

典型案例

家住海口市的陈大爷和老伴在自己家的院子里干活，几锄头下去后，地里突然露出来几块石头状的“东西”，仔细一看，发现竟然是铜钱。经过认真清理后，陈大爷挖出了满满一大罐子铜钱，总共有一百多斤。至于这些铜钱当初是谁埋的，陈大爷说，这块地是他们家的祖宗地，一直由他们家里人耕种。他老父亲活着时曾跟他说过，他们家祖上是做生意的，以前经常有人找他们老祖宗借钱，这些钱应该是他们祖上埋的。经行家鉴定，这些铜钱价值不菲。有人建议文物应该上交给国家，但陈大爷想自己留下，陈大爷这么做合法吗?

律师解析

这要根据具体情况而定。在自家院子里挖到的古董，如果能够证明确实属于自己的祖辈留下来的，可以按照继承法的规定处理。如果不能证明来源和出处，就应该通过当地政府交给当地文物管理部门。即便是能够证明古董属于自己祖辈留下来的，该如何处理也要遵守文物保护法的相关规定。

法律依据

《中华人民共和国民法典》

第三百一十九条 拾得漂流物、发现埋藏物或者隐藏物的，参照适用拾得遗失物的有关规定。法律另有规定的，依照其规定。

第三百一十四条 拾得遗失物，应当返还权利人。拾得人应当及时通知权利人领取，或者送交公安等有关部门。

第三百一十七条第一款 权利人领取遗失物时，应当向拾得人或者有关部门支付保管遗失物等支出的必要费用。

《中华人民共和国文物保护法》

第五条第一款 中华人民共和国境内地下、内水和领海中遗存的一切文物，属于国家所有。

83. 广告牌坠落砸坏车，车主该向谁索赔?

典型案例

赵女士开车去大学城附近的一家饭店吃饭，车停在饭店门外。饭店在一楼，二楼是干洗店。酒过三巡当赵女士吃完饭出来后，发现自己的车和另外一辆车被饭店顶楼外墙上面的广告牌砸坏了，修车大约需要 2 万元。那么这笔钱应该找谁赔?

律师解析

赵女士的车被广告牌砸坏，侵权人是房屋的所有人或实际管理人，应由他们来承担赔偿责任。坠落物是从二楼以上掉下来的，二楼以上是干洗店在使用，所以干洗店方面应该对车主进行赔偿。

法律依据

《中华人民共和国民法典》

第一千二百五十三条 建筑物、构筑物或者其他设施及其搁置物、悬挂物发生脱落、坠落造成他人损害，所有人、管理人或者使用人不能证明自己没有过错的，应当承担侵权责任。所有人、管理人或者使用人赔偿后，有其他责任人的，有权向其他责任人追偿。

84. 物业公司能否以不交物业费为由擅自停水停电?

典型案例

小利刚在阳光小区买了一套房，装修期间物业多次催收缴纳物业费，而小利认为自己没有实际居住，不需要交物业费，双方发生冲突，矛盾层层升级。物业公司在没有通知的情况下断水断电，给小利造成很大困扰和损失，小利起诉了物业公司。那么，法院会支持小利吗?

律师解析

小利不交物业费，物业无权断水断电，供水供电合同的双方当事人为业主与供水、供电公司，物业管理合同的双方当事人为业主与物业管理公司，两者是不同的法律关系。物业管理公司不是小区内的供水供电人，自然不享有供水供电权。对于业主不交物业费的行为，物业公司应通过诉讼或其他合法方式维护权利，而不能擅自停水停电，除非双方的合同中明确约定以停水停电作为物业管理公司催缴物业管理费的手段。本案中，物业公司未经通知而擅自断电断水给业主造成损失，应对此承担相应的违约责任。

法律依据

《中华人民共和国民法典》

第九百四十四条 业主应当按照约定向物业服务人支付物业费。物业服务人已经按照约定和有关规定提供服务的，业主不得以未接受或者无需接受相关物业服务为由拒绝支付物业费。

业主违反约定逾期不支付物业费的，物业服务人可以催告其在合理期限内支付；合理期限届满仍不支付的，物业服务人可以提起诉讼或者申请仲裁。

物业服务人不得采取停止供电、供水、供热、供燃气等方式催交物业费。

85. 业主可以更换物业公司吗?

典型案例

某小区建于2000年，由于建设时间较早，虽然有物业管理，但小区规划不合理、乱停车、垃圾不处理、电梯不维修、到处都是小广告、水电煤气有问题也不来维修等混乱现象比比皆是，小区物业只会一味地推脱责任，还乱收各种费用，不缴费就不给办事。即便如此，物业公司还总说“入不敷出”，吵着要涨物业费，小区业主忍无可忍可以更换物业公司吗?

律师解析

相关法律对此已做出明确规定，业主有权更换物业公司。业主大会有权决定选聘、解聘物业管理企业。如果小区业主想更换物业，应当由专有部分面积占比三分之二以上的业主且人数占比三分之二以上的业主参与表决，统一认为该物业公司没有达到服务标准，就能召开业主大会，讨论更换物业公司的事项。统一意见后，再到社区居委会、街道办、住建局物业管理科进行报备。组织新旧物业公司进行设备设施、资料档案、财务等方面的移交工作，之后的事情就不需要业主们操心了。

法律依据

《中华人民共和国民法典》

第二百七十八条 下列事项由业主共同决定：

（一）制定和修改业主大会议事规则；

（二）制定和修改管理规约；

（三）选举业主委员会或者更换业主委员会成员；

（四）选聘和解聘物业服务企业或者其他管理人；

（五）使用建筑物及其附属设施的维修资金；

（六）筹集建筑物及其附属设施的维修资金；

（七）改建、重建建筑物及其附属设施；

（八）改变共有部分的用途或者利用共有部分从事经营活动；

（九）有关共有和共同管理权利的其他重大事项。

第二百八十条第一款 业主大会或者业主委员会的决定，对业主具有法律约束力。

第二百八十四条 业主可以自行管理建筑物及其附属设施，也可以委托物业服务企业或者其他管理人管理。

对建设单位聘请的物业服务企业或者其他管理人，业主有权依法更换。

86. 房屋拆迁，租户可以获得拆迁补偿吗？

典型案例

10 年前，王某以月租金 1000 元的价格从刘某处租了一间门面房，王某在这里开了一家水果店，卖起了水果。近期该地区实施棚户区改造，刘某找租户王某协商解除房屋租赁合同。根据相关动迁补偿政策，有营业执照的被征收房屋，可以获得动迁补偿。王某租赁的门面房按政策可以获得150万元的动迁补偿，但刘某却认为动迁补偿与王某无关，只愿意补偿给王某房屋租赁合同剩余年限补偿款5万元。双方无法协商一致，王某一纸诉状将刘某起诉至法院。房屋拆迁，租户可以获得拆迁补偿吗?

律师解析

房屋拆迁，租户可以拿到一定赔偿。王某与刘某之间为租赁合同关系，王某并非征收补偿合同的当事人，不能享有征收补偿合同的权利，不能以国家与刘某签订的征收补偿协议作为依据主张权利。王某因承租的涉案房屋被征收产生的权利，应当依据其与刘某签订的《房屋租赁合同》的约定提出主张。因此，本案双方当事人之间的争议应当首先以合同约定为解决依据，没有约定或约定不明的，根据拆迁补偿的具体情况依照法律规定处理。租户对房屋进行装修装饰的费用，应当由双方协商处理。

法律依据

《国有土地上房屋征收与补偿条例》

第二十二条　因征收房屋造成搬迁的，房屋征收部门应当向被征收人支付搬迁费；选择房屋产权调换的，产权调换房屋交付前，房屋征收部门应当向被征收人支付临时安置费或者提供周转用房。

第二十五条　房屋征收部门与被征收人依照本条例的规定，就补偿方式、补偿金额和支付期限、用于产权调换房屋的地点和面积、搬迁费、临时安置费或者周转用房、停产停业损失、搬迁期限、过渡方式和过渡期限等事项，订立补偿协议。

补偿协议订立后，一方当事人不履行补偿协议约定的义务的，另一方当事人可以依法提起诉讼。

87. 城镇户籍的子女可以继承农村宅基地吗？

典型案例

小徐大学毕业后留在城里工作，并且在城市落了户，而父母还居住在农村。某日，小徐偶然听到朋友讨论农村宅基地的问题，说宅基地只能给农村居民，城镇居民则无权占有宅基地。小徐想到父母在农村还有一处老宅，父母去世之后，自己是否可以继承农村的房屋？

律师解析

宅基地属于农民集体所有，农村集体经济组织分配宅基地时以户为单位，一户只能拥有一处宅基地。城镇居民不能通过购买的方式取得农村宅基地房屋的所有权，如果购买相关房屋，买卖合同将会被认定为无效。但城镇居民可以通过继承的方式取得农村房屋的所有权。被继承人的房屋作为其遗产由继承人继承，按照房地一体原则，继承人继承取得房屋所有权进而享有宅基地使用权，而农村宅基地不能被单独继承。此外，城镇户籍的子女继承农村房屋后，可以依法办理产权登记。

法律依据

《中华人民共和国民法典》

第一千一百二十二条 遗产是自然人死亡时遗留的个人合法财产。

依照法律规定或者根据其性质不得继承的遗产，不得继承。

《宅基地和集体建设用地使用权确权登记工作问答》

36. 非本农民集体经济组织成员取得宅基地能不能登记？

根据《国土资源部中央农村工作领导小组办公室 财政部 农业部关于农村集体土地确权登记发证的若干意见》（国土资发〔2011〕178号）、《国土资源部关于进一步加快宅基地和集体建设用地确权登记发证有关问题的通知》（国土资发〔2016〕191号）规定，非本农民集体经济组织成员取得宅基地，应区分不同情形予以处理：

……

（2）非本农民集体经济组织成员（含城镇居民），因继承房屋占用宅基地的，可按规定确权登记，在不动产登记簿及证书附记栏注记“该权利人为本农民集体经济组织原成员住宅的合法继承人”。

……

88. 为朋友做担保有什么风险？

典型案例

老杨借款100万，老吴作为朋友为老杨提供担保，借款到期后，老杨没有能力还贷，法院判决老吴承担连带清偿责任。最终老吴被迫卖房替老杨偿还本金、贷款利息以及债权人实现债权的费用共计120余万元。

律师解析

担保责任分为一般担保责任和连带担保责任，一般担保责任是指在债务人通过诉讼仍不能承担债务时，担保人应当承担担保责任；连带担保责任是指债权人可以直接要求债务人和担保人任何一方承担责任，不受债务人有无偿还能力的限制。无论是一般担保责任还是连带担保责任，担保人在承担担保责任后，可以通过向债务人进行等额的追偿来弥补自己的损失。故贷款担保人要承担代替借款人偿还借款及利息的风险。

法律依据

《中华人民共和国民法典》

第三百八十六条 担保物权人在债务人不履行到期债务或者发生当事人约定的实现担保物权的情形，依法享有就担保财产优先受偿的权利，但是法律另有规定的除外。

第五篇　侵权篇

89. 把车借给朋友发生事故，车主是否需要担责？

典型案例

国庆节假期，邵某因岳母来北京游玩，便向朋友李某借车，想带岳母到处转转，李某碍于情面就答应了。邵某开车行驶在去郊区的高速路上，没有注意前面的路况发生追尾，导致前车受损、驾驶员段某受伤。李某把车借给朋友发生事故，本身很郁闷，没想到还收到法院传票，段某把自己告上了法庭，要求赔偿损失。那么李某需要为此承担责任吗？

律师解析

因借用机动车而发生交通事故的，借用人为事故发生时车辆的实际驾驶人，故借用人作为实际侵权人应承担赔偿责任，机动车的所有人一般不承担责任。案例中段某的损失应当由邵某赔偿，李某不承担责任。但当机动车所有人存在明知借用人没有驾驶证、明知借用人饮酒后驾车等情形，对事故发生也有过错时，需承担相应的赔偿责任。

法律依据

《中华人民共和国民法典》

第一千二百零九条　因租赁、借用等情形机动车所有人、管理人与使用人不是同一人时，发生交通事故造成损害，属于该机动车一方责任的，由机动车使用人承担赔偿责任；机动车所有人、管理人对损害的发生有过错的，承担相应的赔偿责任。

90. 因参加聚会醉酒致死，其他人需要承担责任吗？

典型案例

老王的儿子高考考上北京大学，为此宴请朋友一起庆祝。吃饭时朋友们接连举杯庆祝，老王心里高兴喝了很多酒，吃完饭大家便各自回家，喝醉的老王也独自走回家。第二天早上，老王的家人接到警察电话，说老王在路边被发现死亡。老王的家人认为老王的死亡跟喝酒有关，便将一起喝酒的人都告上法庭。

律师解析

聚餐、喝酒是常见的社会活动，但当有人醉酒时，相互劝酒实际上是给醉酒者带来了更高的风险。和老王一起饮酒的朋友均系成年人，应当对于喝醉酒的风险有所认识。在老王喝醉酒后，同饮者让其独自回家，未尽到照顾义务，对老王的死亡存在一定过错，需要承担相应的责任。现实中常有类似事件发生，建议大家在聚餐时切勿劝酒，如有朋友醉酒，应将其护送回家或送往医院救治。

法律依据

《中华人民共和国民法典》

第一千一百六十五条 行为人因过错侵害他人民事权益造成损害的，应当承担侵权责任。

依照法律规定推定行为人有过错，其不能证明自己没有过错的，应当承担侵权责任。

91. 搭同事的车下班发生交通事故，司机需要赔偿吗？

典型案例

陈默和吴迪家离得不远，每天都搭吴迪的车上下班。某日吴迪在开车时没有注意信号灯，闯红灯通过路口，与正常行驶的小客车发生碰撞，致使陈默多处受伤，经鉴定为十级伤残。交管部门认定吴迪负事故全部责任，小客车无责任。后陈默起诉吴迪要求赔偿，但吴迪称陈默是无偿搭车，自己不应该赔偿。

律师解析

免费搭车是一种好意同乘行为，本身不受法律的调整，但当好意同乘给受惠人（搭车人）造成人身损害时，则纳入法律调整的范畴。驾车人免费让朋友、同事搭车，属于好意施惠，不应让其承担过于严格的责任。受惠人应当知晓交通行为中隐藏的风险，仍然愿意同乘也应当承担相应的风险，故当损害发生时，应当减轻施惠者的赔偿责任。但案例中事故是因吴迪闯红灯导致，其对于事故的发生存在重大过失，不存在减轻责任的情形，所以陈默可以要求吴迪赔偿损失。

法律依据

《中华人民共和国民法典》

第一千二百一十七条 非营运机动车发生交通事故造成无偿搭乘人损害，属于该机动车一方责任的，应当减轻其赔偿责任，但是机动车使用人有故意或者重大过失的除外。

92. 高空抛物伤人为何要起诉全楼业主?

典型案例

苏某在小区里遛弯时被从楼上掉下来的西瓜皮砸中，倒地不醒，随后被送医院抢救。经诊断，苏某为颅骨骨裂及脑震荡，所幸没有生命危险。事发后，苏某的家人也曾到物业查看监控录像，但监控只能看到苏某被坠物砸伤，看不出西瓜皮是从哪家掉下来的，在小区内张贴公告一个多月也没有人联系，于是苏某将整栋楼的居民全部起诉。

律师解析

行为人从楼上向外抛掷物品致使他人受伤的，应当承担赔偿责任。平时看似轻小的物品，从一定高度抛下就可能造成极大的伤害。高空抛物危害性大，又具有一定的隐秘性，因此从公平和保障公众安全的角度，法律规定在无法查明具体侵权人的情况下，由建筑物中可能的加害人进行补偿。故在不能找到是谁扔出西瓜皮的情况下，苏某可起诉全楼住户要求赔偿。如果居民能够证明自己不是侵权人，则无须承担责任。

法律依据

《中华人民共和国民法典》

第一千二百五十四条 禁止从建筑物中抛掷物品。从建筑物中抛掷物品或者从建筑物上坠落的物品造成他人损害的，由侵权人依法承担侵权责任；经调查难以确定具体侵权人的，除能够证明自己不是侵权人的外，由可能加害的建筑物使用人给予补偿。可能加害的建筑物使用人补偿后，有权向侵权人追偿。

物业服务企业等建筑物管理人应当采取必要的安全保障措施防止前款规定情形的发生；未采取必要的安全保障措施的，应当依法承担未履行安全保障义务的侵权责任。

发生本条第一款规定的情形的，公安等机关应当依法及时调查，查清责任人。

93. 学生课间打闹受伤，教育机构是否应承担责任？

典型案例

上初一的赵某和孙某是周末课外辅导班的同学，一日，双方家长把他们送到教室后便离开。在等待上课的时候，两人相互打闹，追逐过程中赵某将孙某绊倒，致使孙某胳膊骨折。孙某家长要求赵某家赔偿医疗费、营养费、护理费等损失，而赵某的父母认为不该由自家全部赔偿，培训机构也应当承担责任。

律师解析

赵某追打孙某，致使孙某受伤，其应当承担侵权责任。因赵某是限制民事行为能力人，由其赵某的父母承担侵权责任。伤害发生时，孙某的父母都不在孩子身边，未尽到监护职责，可以减轻赵某的责任。此外，教室内没有老师对学生监管，培训机构没有尽到教育和管理职责，故应承担一定的赔偿责任。

法律依据

《中华人民共和国民法典》

第一千二百条 限制民事行为能力人在学校或者其他教育机构学习、生活期间受到人身损害，学校或者其他教育机构未尽到教育、管理职责的，应当承担侵权责任。

94. 小区里宠物伤人，谁该负责？

典型案例

王晶和往常一样下班回家，走到楼下时突然有一条狗蹿出将其咬伤。后来张伟赶到，把小狗控制住，原来是张伟在遛狗时没有拴狗链，小狗受惊吓后将路过的王晶咬伤。张伟带王晶去打了狂犬病疫苗，但拒绝赔偿王晶的误工损失。

律师解析

本案中张伟违反养犬规定，遛狗时没有拴狗绳，致使王晶被宠物狗咬伤。王晶只是正常经过，没有对宠物狗挑逗、挑衅，不存在过错，张伟应当向王晶赔偿医疗费、误工费等损失。如果是流浪狗在小区内伤人，如物业公司没有采取措施保护业主的安全，未尽到安全保障义务，受害人可以要求物业公司及长期喂食流浪狗的居民（动物管理者）承担相应的赔偿责任。

法律依据

《中华人民共和国民法典》

第一千二百四十五条 饲养的动物造成他人损害的，动物饲养人或者管理人应当承担侵权责任；但是，能够证明损害是因被侵权人故意或者重大过失造成的，可以不承担或者减轻责任。

第一千二百四十六条 违反管理规定，未对动物采取安全措施造成他人损害的，动物饲养人或者管理人应当承担侵权责任；但是，能够证明损害是因被侵权人故意造成的，可以减轻责任。

95. 在游泳馆溺水死亡，经营者是否承担责任?

典型案例

钱进到游泳馆游泳时突然抽筋导致溺水,被其他人发现的时候已经不幸死亡。钱进的家人查看监控后发现在钱进游泳时没有人在救生员的位置，也没有工作人员发现钱进的异常状态，认为游泳馆对钱进的死亡负有责任，起诉要求游泳馆赔偿死亡赔偿金、丧葬费、精神损失费等。

律师解析

游泳场所应当按照国家标准的要求配备游泳救生员，对游泳者的安全进行观察防护，对溺水者进行救助。案例中事故发生时，游泳馆配备的救生员不在岗、数量不足，没有发现钱进的异常情况，未能对其进行及时救助，未能尽到安全保障义务，应对钱进的死亡承担侵权赔偿责任。

法律依据

《中华人民共和国民法典》

第一千一百九十八条　宾馆、商场、银行、车站、机场、体育场馆、娱乐场所等经营场所、公共场所的经营者、管理者或者群众性活动的组织者，未尽到安全保障义务，造成他人损害的，应当承担侵权责任。

因第三人的行为造成他人损害的，由第三人承担侵权责任；经营者、管理者或者组织者未尽到安全保障义务的，承担相应的补充责任。经营者、管理者或者组织者承担补充责任后，可以向第三人追偿。

96. 制作明星表情包侵犯肖像权吗?

典型案例

胡某是一位网络博主，平时发布一些段子和文章，为增添文章的趣味性，其利用明星的照片、图像制作表情包用作配图。胡某在一篇文章中使用某明星瘫躺的表情包被纷纷转载，但就在胡某还沉浸在高人气的喜悦之中时，却被某明星以其侵犯肖像权为由起诉，要求其赔偿损失。

律师解析

近年来明星表情包颇受欢迎，有一些人专门挖掘明星搞怪的表情、姿势等来制作表情包。使用表情包本是为增添乐趣，但也不可随意制作使用。如果表情包存在对明星形象的侮辱、丑化、污损等情形，或者是擅自将明星表情包用于商业活动，则属于侵犯肖像权的行为。

法律依据

《中华人民共和国民法典》

第一千零一十九条 任何组织或者个人不得以丑化、污损，或者利用信息技术手段伪造等方式侵害他人的肖像权。未经肖像权人同意，不得制作、使用、公开肖像权人的肖像，但是法律另有规定的除外。

未经肖像权人同意，肖像作品权利人不得以发表、复制、发行、出租、展览等方式使用或者公开肖像权人的肖像。

97. 顾客在商场受伤，商场应承担什么责任？

典型案例

某超市举办促销活动，因顾客较多，超市工作人员对地面的水渍没有及时擦拭，常某踩到水渍不慎滑倒，导致胳膊骨折，遂向超市提出赔偿的要求。但超市认为是常某走路时自己没有注意摔倒的，和超市无关。

律师解析

经营者在经营场所内有采取必要防范措施以保护消费者人身和财产权益免受损害的义务，经营者应为消费者营造安全的消费环境。超市在经营过程中没有对地面积水及时清理，也没有设置警示标志牌提醒消费者注意，常某因地面积水滑倒，超市未完全尽到安全保障义务，应对常某的损害后果承担侵权责任。

法律依据

《中华人民共和国民法典》

第一千一百九十八条 宾馆、商场、银行、车站、机场、体育场馆、娱乐场所等经营场所、公共场所的经营者、管理者或者群众性活动的组织者，未尽到安全保障义务，造成他人损害的，应当承担侵权责任。

因第三人的行为造成他人损害的，由第三人承担侵权责任；经营者、管理者或者组织者未尽到安全保障义务的，承担相应的补充责任。经营者、管理者或者组织者承担补充责任后，可以向第三人追偿。

98. 员工在执行工作任务期间驾车外出发生交通事故，公司是否应承担责任？

典型案例

姚远是某快递公司的司机，在送货路途中撞倒正在过马路的行人刘健，致使刘建受伤，多处骨折。病情稳定后刘健联系姚远，要求其赔偿医疗费、误工费、营养费等各项损失，但姚远认为自己是给公司干活，刘健应该找公司赔偿。

律师解析

姚远是快递公司的货车司机，驾驶机动车是其工作的一部分。姚远在执行工作任务期间发生交通事故造成刘健受伤，快递公司应当承担侵权责任。对于刘健的损失，首先由车辆交强险在责任限额内赔付，不足部分由商业险赔付，如果车辆未投保商业险则由快递公司进行赔偿。

法律依据

《中华人民共和国民法典》

第一千一百九十一条 用人单位的工作人员因执行工作任务造成他人损害的，由用人单位承担侵权责任。用人单位承担侵权责任后，可以向有故意或者重大过失的工作人员追偿。

劳务派遣期间，被派遣的工作人员因执行工作任务造成他人损害的，由接受劳务派遣的用工单位承担侵权责任；劳务派遣单位有过错的，承担相应的责任。

99. 参加体育运动受伤，由谁担责？

典型案例

2020 年 4 月 28 日，刘先生、杨先生与其他 8 人在北京某篮球场进行篮球比赛。

比赛中，杨先生被刘先生传球扔出的篮球击中右眼，导致右眼受伤。后杨先生将刘先生诉至法院，要求刘先生赔偿医疗费、护理费等费用。2021 年 1 月 4 日，此案在人民法院公开审理并当庭宣判，法院一审判决刘先生对杨先生受伤的结果不存在故意或重大过失，不应担责，驳回杨先生全部诉求。

律师解析

民法典新增的文体活动“自甘冒险”条款明确了只有在故意或者重大过失的情况下，参与者才需要承担责任。本案中，刘先生为了传球击中杨先生右眼的行为并无过多考虑、判断的时间，刘先生不存在明显违反比赛规则的情形，其对于杨先生的受伤不存在故意或重大过失，无须承担侵权责任。

法律依据

《中华人民共和国民法典》

第一千一百七十六条第一款 自愿参加具有一定风险的文体活动，因其他参加者的行为受到损害的，受害人不得请求其他参加者承担侵权责任；但是，其他参加者对损害的发生有故意或者重大过失的除外。

第六篇　房产常识

100. 没有房产证的房子能买卖吗?

典型案例

刘涛家因拆迁取得几套安置房，自己家用不上便准备出售，张伟看到房屋信息后联系刘涛，看房后觉得环境、价格都比较满意，但刘涛提出回迁房房产证办理周期长，现在还没有房产证。张伟心里有些嘀咕，不知道是否可以购买这样的房子。

律师解析

新建商品房的房产证办理周期通常需要两三年，回迁安置房则需要更长的时间。因尚未取得房产证，房屋产权不明晰，这对购房人来说存在一定风险，如房屋所有人欲出售房屋，标价会低于同地段的房屋。房屋未取得权属证书，无法办理转移登记手续，这属于行政管理问题，不影响买卖合同本身的效力。如购买此类房屋应约定出售人协助办理转移登记的义务，同时要查看原始购房合同、拆迁房屋调拨单等出售人取得房屋的证明文件。

法律依据

《中华人民共和国民法典》

第二百一十五条　当事人之间订立有关设立、变更、转让和消灭不动产物权的合同，除法律另有规定或者当事人另有约定外，自合同成立时生效；未办理物权登记的，不影响合同效力。

《北京市高级人民法院关于审理房屋买卖合同纠纷案件适用法律若干问题的指导意见(试行)》

第三条　《城市房地产管理法》第三十八条第（六）项“未依法登记领取权属证书”的房屋不得转让的规定，在性质上不属于《最高人民法院关于适用〈中华人民共和国合同法〉若干问题的解释（二）》第十四条规定中的“效力性强制性规定”，不应作为认定房屋买卖合同无效的法律依据。

101. 购买的房屋被法院查封，合同有效吗？

典型案例

小林实地看过十几套房子后，最终决定购买赵某的房子，和中介公司到不动产登记中心查询赵某的房屋产权状态时发现该房屋已经被法院查封。那么现在这套房子还能买吗？双方签订的购房合同是否有效？房屋能否办理过户手续？

律师解析

购买二手房时，购房人在签订房屋买卖合同前应亲自或者委托中介公司查询房屋的登记状态，了解房屋所有权人、是否共有、有无抵押和查封等情况，如果发现房屋被法院查封，建议不要购买。如购买已经查封的房屋，购房合同可能会被法院认定为无效，在解除查封前也不能办理过户手续。若卖房人不履行相关义务，房屋还可能被强制执行，使自已蒙受损失。

法律依据

《房屋登记办法》

第二十二条　有下列情形之一的，房屋登记机构应当不予登记：

……

（六）房屋被依法查封期间，权利人申请登记的；

……

《最高人民法院关于人民法院民事执行中查封、扣押、冻结财产的规定》

第二十六条 被执行人就已经查封、扣押、冻结的财产所作的移转、设定权利负担或者其他有碍执行的行为，不得对抗申请执行人。

第三人未经人民法院准许占有查封、扣押、冻结的财产或者实施其他有碍执行的行为的，人民法院可以依据申请执行人的申请或者依职权解除其占有或者排除其妨害。

人民法院的查封、扣押、冻结没有公示的，其效力不得对抗善意第三人。

《北京市高级人民法院关于审理房屋买卖合同纠纷案件适用法律若干问题的指导意见（试行）》

第九条第一款 出卖人擅自将已被有权国家机关采取了查封等强制措施的房屋转让给他人的，买卖合同一般认定为无效，但相应有权国家机关或申请采取强制措施的权利人同意转让，或者一审法庭辩论终结前强制措施已经解除的，可以认定合同有效。

102. 卖方死亡后房屋买卖合同还能继续履行吗？

典型案例

陆某想给父母买一套房子，看房后和老张签订房屋买卖合同，并已经支付购房款。但在等待过户的期间，老张突发疾病去世，合同无人履行。陆某已经全额付款，现在合同该怎么继续履行？房屋能否顺利过户？

律师解析

陆某和老张签订了房屋买卖合同，并且已经支付购房款，老张作为债务人应当依照合同约定办理过户手续。但在合同履行过程中老张突然去世，合同暂时无法履行，但不影响合同的效力，应当由继承其遗产的继承人继续履行合同义务，配合陆某办理房屋过户手续。如果老张的继承人拒不配合，陆某可向法院起诉。

法律依据

《中华人民共和国民法典》

第一千一百六十一条　继承人以所得遗产实际价值为限清偿被继承人依法应当缴纳的税款和债务。超过遗产实际价值部分，继承人自愿偿还的不在此限。

继承人放弃继承的，对被继承人依法应当缴纳的税款和债务可以不负清偿责任。

103. 卖房人反悔，买方可以同时主张定金和违约金吗？

典型案例

魏某和李某就房屋价款协商一致，并签订房屋买卖合同，魏某当天支付 20 万元定金。合同约定卖方违约双倍返还定金，任一方提出解除合同需向对方支付总价款 10% 的违约金。合同签订后，新闻报道小区旁边将修建地铁，房价大幅上涨，李某便提出解除合同，魏某则要求李某按约定双倍返还定金 40 万元，并按总价款的 10% 支付违约金。

律师解析

为保证合同的顺利签订、履行，房屋买卖的当事人通常会约定定金或者违约金条款，当一方违约时需承担相应的违约责任。案例中李某和魏某在合同中同时约定了定金和违约金条款，但当一方违约时，定金和违约金通常不能够同时适用，须当事人选择其一。魏某选择适用定金罚则时，可要求李某返还 40 万元，如不足以弥补损失还可要求其赔偿损失；若选择违约金条款，可要求李某退还已付的 20 万元定金，在违约金不足以弥补损失时还可请求法院调高违约金的数额。

法律依据

《中华人民共和国民法典》

第五百八十八条 当事人既约定违约金，又约定定金的，一方违约时，对方可以选择适用违约金或者定金条款。

定金不足以弥补一方违约造成的损失的，对方可以请求赔偿超过定金数额的损失。

104. 买房后，开发商不办理房产证怎么办?

典型案例

小秦购买了一套新房准备结婚，合同约定交房后一年内办理房产证，如开发商逾期未办理房产证，则每日按购房款的万分之一支付违约金。转眼小秦已经入住两年，还没有拿到房产证，询问开发商也只是回复正在办理，不知道什么时候可以办下来。因沟通未果，小秦诉至法院。

律师解析

开发商可以与购房者在房屋买卖合同中约定房产证的办理时间，如果没有约定，则按照相关法律规定处理。销售现房的，应在合同订立之日起 90 天内办理房产证；预售房屋的，应在房屋交付之日起 90 天内办理房产证。如果开发商未能如期为购房者办理房产证，则需要承担相应的违约责任；若因开发商的原因导致购房者在约定的期限或者法律规定的办证期限届满后一年仍无法办理房产证的，购房者可以解除合同并要求开发商赔偿损失。

法律依据

《最高人民法院关于审理商品房买卖合同纠纷案件适用法律若干问题的解释》

第十四条 由于出卖人的原因，买受人在下列期限届满未能取得不动产权属证书的，除当事人有特殊约定外，出卖人应当承担违约责任：

（一）商品房买卖合同约定的办理不动产登记的期限；

（二）商品房买卖合同的标的物为尚未建成房屋的，自房屋交付使用之日起90日；

（三）商品房买卖合同的标的物为已竣工房屋的，自合同订立之日起90日。

合同没有约定违约金或者损失数额难以确定的，可以按照已付购房款总额，参照中国人民银行规定的金融机构计收逾期贷款利息的标准计算。

第十五条 商品房买卖合同约定或者城市房地产开发经营管理条例第三十二条规定的办理不动产登记的期限届满后超过一年，由于出卖人的原因，导致买受人无法办理不动产登记，买受人请求解除合同和赔偿损失的，应予支持。

105. 买房时签订的阴阳合同有效吗？

典型案例

吴某准备给孩子买一套学区房，与何某就房屋价款协商一致，约定房屋价款为500万元。但为了少交税，双方另行签订一份合同，约定房屋价格为300万。买卖双方签订的两份合同有效吗？应以哪一份为准？

律师解析

在二手房交易中，买卖双方出于避税的目的签订阴阳合同的情况较为常见，当买卖双方发生纠纷时，提出解约一方常以双方签订的阴阳合同非真实意思表示或者损害国家利益为由主张无效。其实阴阳合同本身能够表明双方买卖房屋的意思表示，并非全部无效，仅避税的价格条款无效，该条款无效不影响整个合同的效力。

法律依据

《中华人民共和国民法典》

第一百五十六条 民事法律行为部分无效，不影响其他部分效力的，其他部分仍然有效。

《北京市高级人民法院关于审理房屋买卖合同纠纷案件若干疑难问题的会议纪要》

四、房屋买卖中阳合同的效力

第一款 当事人在房屋买卖合同（包括双方已经签字的网签合同）中为规避国家税收监管故意隐瞒真实的交易价格，该价格条款无效，但该条款无效不影响合同其他部分的效力。当事人以逃避国家税收为由，要求确认买卖合同全部无效的，不予支持。

106. 房屋未成交，还需要交中介费吗?

典型案例

王蒙准备购买一套改善型住房，便和某中介公司签订合同，通过中介找房、看房，觉得李红的房子不错，很快双方就合同条款初步达成合意，但在准备签约前王蒙突然决定不买房，也取消了购房计划。购房未签约是否需要支付中介费?

律师解析

中介公司为买房人提供房源信息、政策咨询、房屋带看及过户服务等居间服务，在买卖双方签订购房合同和房屋过户前亦提供中介服务。王蒙已经和中介公司签订中介服务合同，中介公司也已经提供带看、咨询、房产情况调查等签合同前的服务，王蒙此时决定不再购房，也应当按照合同约定向中介公司支付相应的服务费。

法律依据

《中华人民共和国民法典》

第九百六十四条　中介人未促成合同成立的，不得请求支付报酬；但是，可以按照约定请求委托人支付从事中介活动支出的必要费用。

107. 贷款未还清，房子可以抵押吗？

典型案例

小杨做生意需要资金周转，想拿自己的房子抵押贷款，但房子是银行贷款买的，已经抵押给银行，现在还有几十万贷款没有还清，不知道能不能用自己的房子再次抵押贷款。

律师解析

银行或者其他债权人为了保证债务的履行，通常会要求债务人提供担保，如使用房产进行抵押。抵押权设立后，如债务人到期不能履行债务，债权人对抵押物享有优先受偿权。法律并没有限制抵押权设立的数量，同一套房屋上可以设立多个抵押权。但银行贷款时会考虑债务人的还款能力，如果房屋此前已存在抵押，则会考虑房屋的剩余价值与贷款数额，以确保债务能够履行。因此小杨可以将房屋再次抵押，但贷款审批额度则需由银行考察后确定。

法律依据

《中华人民共和国民法典》

第四百一十四条　同一财产向两个以上债权人抵押的，拍卖、变卖抵押财产所得的价款依照下列规定清偿：

（一）抵押权已经登记的，按照登记的时间先后确定清偿顺序；

（二）抵押权已经登记的先于未登记的受偿；

（三）抵押权未登记的，按照债权比例清偿。

其他可以登记的担保物权，清偿顺序参照适用前款规定。

108. 买到凶宅可以解除合同吗?

典型案例

贾某与王某签订房屋买卖合同，购买房屋用于结婚，入住后从邻居处得知前不久王某的妻子从屋内跳楼身亡，自己买的是一套“凶宅”。买房时，王某明知贾某买房是为了结婚，却隐瞒凶宅的事实，于是贾某准备起诉解除合同并要求王某赔偿损失。

律师解析

虽然王某向贾某隐瞒了自己妻子跳楼的事实，但双方签订的合同并未违反法律规定，也不违背公序良俗，通常不认为合同无效。但根据公众的普遍认知和风俗习惯，贾某购房系用作婚房，但王某出售的房屋属于凶宅，使得贾某购房的目的无法实现，贾某可以提出解除合同。此外，基于卖房人隐瞒事实，购房人在购房时存在重大误解，也可以提出撤销合同。购房人在提出解除合同或者撤销合同的同时还可一并提出赔偿损失的请求。

法律依据

《中华人民共和国民法典》

第五百条 当事人在订立合同过程中有下列情形之一，造成对方损失的，应当承担赔偿责任：

（一）假借订立合同，恶意进行磋商；

（二）故意隐瞒与订立合同有关的重要事实或者提供虚假情况；

（三）有其他违背诚信原则的行为。

109. 以房抵债协议有效吗？

典型案例

孙某向王某借款100万元用于公司周转，为保证孙某能够按时还款，双方另签订一份房屋买卖合同作为担保，如果孙某不能按期偿还借款，则将自己名下的房子过户给王某。借款到期后，孙某无力偿还，将价值200万的房屋过户给王某。过户后孙某才意识到，实际欠款没有那么多，咨询朋友后得知这样的约定属于流质条款，应属无效，孙某可以要回自己的房子，是这样吗？

律师解析

当事人约定债务人到期不履行债务时抵押财产归抵押权人所有的，抵押权人只能就抵押财产优先受偿，抵押财产不当然归抵押权人所有。而案例中孙某并未拿房屋作为抵押物，只是与王某约定到期不能偿还债务时按照房屋买卖合同的约定将房子过户给王某。此时出借人若提出履行以房抵债协议，人民法院应按照民间借贷审理，核算实际欠款金额，如判决生效后债务人仍不履行债务，出借人可以申请拍卖买卖合同的标的物。而本案中孙某已将房屋过户，法院可在核算欠款与房价差额后要求王某向孙某返还差额部分。

法律依据

《最高人民法院关于审理民间借贷案件适用法律若干问题的规定》

第二十三条　当事人以订立买卖合同作为民间借贷合同的担保，借款到期后借款人不能还款，出借人请求履行买卖合同的，人民法院应当按照民间借贷法律关系审理。当事人根据法庭审理情况变更诉讼请求的，人民法院应当准许。

按照民间借贷法律关系审理作出的判决生效后，借款人不履行生效判决确定的金钱债务，出借人可以申请拍卖买卖合同标的物，以偿还债务。就拍卖所得的价款与应偿还借款本息之间的差额，借款人或者出借人有权主张返还或者补偿。

110. 开发商未取得预售许可证，预售合同有效吗？

典型案例

李某在衡水购买当地某开发商销售的商品房，选房后和开发商签订房屋预购合同，对于房屋的坐落、面积、价款及支付方式、交房日期和违约责任等做出约定，并于签订合同当天支付购房款 100 万元。后来新闻报道称其购买房屋开发商未取得预售许可证，所签订的房屋买卖合同无效。李某担心合同无效，自己已经交的钱打水漂，想了解预售合同是否有效。

律师解析

开发商预售商品房时应取得建设用地规划许可证、建设工程规划许可证、建筑工程施工许可证、国有土地使用证和商品房预售许可证，五证不全的不能销售房屋。根据法律规定，如果开发商在预售商品房时没有取得预售许可证，则房屋买卖合同无效。案例中李某可到法院起诉，请求法院认定双方签订的合同无效，要求开发商返还 100 万元购房款及利息，并赔偿相应的损失。

法律依据

《中华人民共和国城市房地产管理法》

第四十五条第一款 商品房预售，应当符合下列条件：

（一）已交付全部土地使用权出让金，取得土地使用权证书；

（二）持有建设工程规划许可证；

（三）按提供预售的商品房计算，投入开发建设的资金达到工程建设总投资的百分之二十五以上，并已经确定施工进度和竣工交付日期；

（四）向县级以上人民政府房产管理部门办理预售登记，取得商品房预售许可证明。

《最高人民法院关于审理商品房买卖合同纠纷案件适用法律若干问题的解释》

第二条　出卖人未取得商品房预售许可证明，与买受人订立的商品房预售合同，应当认定无效，但是在起诉前取得商品房预售许可证明的，可以认定有效。

111. 公房承租权可以继承吗？

典型案例

韩某原是某机关单位的员工，所住的房屋是单位的公房，每月由单位在工资中扣一部分租金。今年韩某因病去世，子女在处理遗产时对于房屋的处理产生疑惑，因该房屋系长期承租的公房，没有房产证无法出售，继承人能否继续租住房屋？

律师解析

职工承租公房的产权归单位所有，并非职工的个人财产，故该房屋也不属于被继承人去世时留下的遗产，继承人不能够主张分割。公房的管理权归单位，职工去世后是否可以由继承人继续承租公房，则需根据单位的住房管理制度或者与职工签订的住房租赁合同确定。如单位允许职工的子女继续租赁房屋，可到被继承人的单位办理承租人变更手续。

法律依据

《北京市人民政府关于城市公有房屋管理的若干规定》

十二、公房租赁，必须遵守房管机关的各项规定。

……

（五）承租者外迁或死亡，原同住者要求继续承租的，须经出租单位同意，并新订租赁合同。

……

《北京市高级人民法院关于审理继承纠纷案件若干疑难问题的解答》

5. 公房承租权能否作为遗产继承？

当事人请求继承被继承人生前的公房承租权，人民法院应告知当事人向公房所有权所在的行政机关或单位申请办理公房承租人变更手续，当事人坚持继承请求的，人民法院裁定驳回起诉。

112. 公房可以转租、转卖吗？

典型案例

王某原租赁单位的公房居住，后来孩子给王某买了一套新房，想让父亲搬过去住，这样离自己近一些。王某搬家后，原来的住房就空着，于是想租出去赚点租金，给孩子减轻些负担。可王某听同事说单位最近要检查住房情况，对违规转租的房屋要收回，还要进行罚款。

律师解析

公房原是单位为了解决职工住房困难问题而产生的住房，具有一定的福利性质，职工承租公房的，需遵守单位的住房管理制度。职工仅享有公房的使用权，不能够擅自处分，进行转让或者转租。对于职工已经购买的公房，所有权归职工所有，则可自由处分。

法律依据

《北京市人民政府关于城市公有房屋管理的若干规定》

九、使用公房，必须经所有权单位同意，不得擅自进住。违者，所有权单位有权责令其迁出和赔偿由此造成的经济损失，或诉请房管机关或司法机关解决。

十二、公房租赁，必须遵守房管机关的各项规定。

……

(八)承租者不得擅自将承租的房屋转租、转让、转借他人或擅自调换使用，不得利用承租的房屋进行非法活动。违者，出租单位有权中止租赁合同，收回房屋。

……

113. 子女出资购买父母分得的公房，房子产权归谁？

典型案例

小陈和小孙结婚后正赶上父亲老陈单位分房，夫妻二人便出资以老陈的名义购买房屋。后夫妻感情出现矛盾，离婚时对房子的分割发生争执。房子登记在老陈名下，但系小陈和小孙出资购买的，房子产权应该算是谁的？离婚时能不能按共同财产分割？

律师解析

该房屋系老陈单位的房改房①，只能够以老陈的名义购买，且房屋登记于老陈名下，购房时虽然是小陈和小孙夫妻二人出资，但该房屋并不能认定为夫妻共同财产，离婚时不能对房产进行分割。但购房款属于夫妻共同财产，其中有小孙一半的份额，离婚后可以向老陈主张债权，要求其偿还相应的购房款。

法律依据

《最高人民法院关于适用〈中华人民共和国民法典〉婚姻家庭编的解释(一)》

第七十九条　婚姻关系存续期间，双方用夫妻共同财产出资购买以一方父母名义参加房改的房屋，登记在一方父母名下，离婚时另一方主张按照夫妻共同财产对该房屋进行分割的，人民法院不予支持。购买该房屋时的出资，可以作为债

① 现如今又可以叫作已购公有住房。

权处理。

114. 农村宅基地房屋能否买卖？

典型案例

张某欲出售自己的宅基地，郝某退休后想到农村生活，便和张某签订房屋买卖合同，以40万的价格购买张某的农村宅基地。两年后，农村地区拆迁改造，可以享受不错的拆迁补偿待遇，张某到法院起诉郝某主张买卖合同无效，最终法院认定双方签订的房屋买卖合同无效。

律师解析

农村宅基地仅能够由农村集体经济组织成员取得，且一户只能拥有一处宅基地。案例中郝某作为城市居民，非农村集体经济组织成员，无权取得宅基地。其虽与张某签订有房屋买卖合同，并且已经支付房屋价款，但该合同因违反法律规定无效。法院认定合同无效后，郝某可要求张某退还购房款及赔偿相应的损失。

法律依据

《国务院办公厅关于加强土地转让管理严禁炒卖土地的通知》

二、加强对农民集体土地的转让管理，严禁非法占用农民集体土地进行房地产开发

第二款 农民的住宅不得向城市居民出售，也不得批准城市居民占用农民集体土地建住宅，有关部门不得为违法建造和购买的住宅发放土地使用证和房产证。

《中央农村工作领导小组办公室、农业农村部关于进一步加强农村宅基地管理的通知》

六、依法保护农民合法权益

……宅基地是农村村民的基本居住保障，严禁城镇居民到农村购买宅基地，

严禁下乡利用农村宅基地建设别墅大院和私人会馆。严禁借流转之名违法违规圈占、买卖宅基地。

115. 老宅拆迁，哪些人能获得补偿?

典型案例

因土地征收改造，小丁家的老房子要拆迁，大家都很关心拆迁补偿问题。小丁家宅基地登记人是父亲老丁，还有爷爷、奶奶、母亲、哥哥一起居住。此情况下，拆迁补偿款是只给老丁，还是所有人都能享受拆迁利益?

律师解析

征收土地应当给予农民公平合理的补偿，保障被征地农民生活水平不降低、有保障。征收土地的补偿包括土地补偿费、安置补助费以及农村村民住宅、其他地上附着物和青苗等的补偿费用。因农村一户只能有一处宅基地，虽然宅基地使用证上仅登记老丁一人的名字，但宅基地并非只属于老丁一人。在征收补偿时仍应将其他共同生活的亲属考虑在内，给予相应的补偿，具体补偿方式、数额则以当地拆迁政策为准。

法律依据

《中华人民共和国土地管理法》

第四十八条第一款 征收土地应当给予公平、合理的补偿，保障被征地农民原有生活水平不降低、长远生计有保障。

第四十八条第二款 征收土地应当依法及时足额支付土地补偿费、安置补助费以及农村村民住宅、其他地上附着物和青苗等的补偿费用，并安排被征地农民的社会保障费用。

第七篇　投资权益

116. 注册公司时股东是否要实缴出资？

典型案例

郭洋毕业后准备和同学一起创业，但因刚毕业积蓄不多，如果公司注册资本较低容易被认为没有实力，可提高注册资本几个合伙人又无力缴纳。在注册公司过程中郭洋听说现在开公司不需要实缴资本，只需先由股东认缴，按期补足即可，是这样吗？

律师解析

为鼓励公众创业、增强市场活力，现行的公司法已经取消了原来对公司注册资本实缴的规定，除保险公司、商业银行、劳务派遣公司等法律有特别规定的公司类型外，多数有限公司在设立时只需股东先认缴出资，然后按照公司章程中规定的出资缴纳时间按期缴纳即可，因此郭洋和同学在创业时不需要实际缴纳出资。

法律依据

《中华人民共和国公司法》

第二十六条　有限责任公司的注册资本为在公司登记机关登记的全体股东认缴的出资额。

法律、行政法规以及国务院决定对有限责任公司注册资本实缴、注册资本最低限额另有规定的，从其规定。

117. 违反公司章程的股东会决议有效吗？

典型案例

郭峰是某有限公司的股东，有其他股东提出公司要对外投资 1000 万，提交股东会商议。根据公司章程规定，投资额超过 500 万的需要 3/4 以上的股东同意，但此投资提案只有 70% 的股东同意，可是在大股东的力荐下股东会还是决议通过投资案。郭峰本不同意此项投资，其认为股东会决议违反公司章程，应属无效。

律师解析

根据法律规定，公司向其他企业投资需要经股东会或者董事会决议，如果公司章程对于投资总额限额、表决机关、表决方式等有规定的，应当遵守章程规定。案例中，公司股东会决议内容本身并不违法，只是决议违反公司章程关于投资限额和表决方式的规定，郭峰作为公司股东可以向法院起诉请求撤销该决议。

法律依据

《中华人民共和国公司法》

第二十二条　公司股东会或者股东大会、董事会的决议内容违反法律、行政法规的无效。

股东会或者股东大会、董事会的会议召集程序、表决方式违反法律、行政法规或者公司章程，或者决议内容违反公司章程的，股东可以自决议作出之日起六十日内，请求人民法院撤销。

股东依照前款规定提起诉讼的，人民法院可以应公司的请求，要求股东提供相应担保。

公司根据股东会或者股东大会、董事会决议已办理变更登记的，人民法院宣告该决议无效或者撤销该决议后，公司应当向公司登记机关申请撤销变更登记。

118. 一个人能开公司吗？

典型案例

郭亮工作5年，有一定积蓄，觉得每天坐在办公室的工作单调乏味，想自己创业。但没有其他朋友共同创业，郭亮想知道自己一个人能不能注册公司。

律师解析

有限责任公司是由50个以下股东出资设立，即法律规定有限公司的股东人数上限为50人，但并未规定最少需要几个人才能设立公司。郭亮如果想要一个人创业，在符合公司设立条件的情形下，自己可以作为股东注册公司。

法律依据

《中华人民共和国公司法》

第五十七条第二款 本法所称一人有限责任公司，是指只有一个自然人股东或者一个法人股东的有限责任公司。

第五十八条 一个自然人只能投资设立一个一人有限责任公司。该一人有限责任公司不能投资设立新的一人有限责任公司。

第五十九条 一人有限责任公司应当在公司登记中注明自然人独资或者法人独资，并在公司营业执照中载明。

119. 股东可以用劳务出资吗？

典型案例

王雷是学甜品制作出身，想开一家甜品店，遂找到朋友严嵩和赵宇，希望三人共同出资。在设立公司过程中，严嵩和赵宇分别出资20万元，王雷提出自己以技术作为出资，负责甜品、咖啡的制作，但三人出资的约定未通过审核。

律师解析

设立公司时，股东的出资并不局限于货币，也可以用实物、知识产权、土地使用权等非货币财产出资，但所用于出资的非货币财产应当为可以依法转让、能够用货币估价的财产。王雷提出的技术出资、劳务出资，因难以核实价值，不能用货币进行估价，故有限公司的股东不能以劳务进行出资。

法律依据

《中华人民共和国公司法》

第二十七条第一款 股东可以用货币出资，也可以用实物、知识产权、土地使用权等可以用货币估价并可以依法转让的非货币财产作价出资；但是，法律、行政法规规定不得作为出资的财产除外。

《中华人民共和国公司登记管理条例》

第十四条 股东的出资方式应当符合《公司法》第二十七条的规定，但股东不得以劳务、信用、自然人姓名、商誉、特许经营权或者设定担保的财产等作价出资。

120. 公司分红可以不按照出资比例分配吗?

典型案例

张某、王某和李某三人是大学同学，三人毕业后共同创办一家互联网科技公司，三人出资占比分别为20%、35%、45%。虽然张某出资较少，只有20%，但其系公司的技术主管，是公司业务运行的核心，三人在公司章程中约定张某的分红比例是40%，其余两人均为30%，这种不按出资比例分红的方式是否有效?

律师解析

一般来说，公司可以按照各股东的出资比例进行分红，但公司的运转并非单靠资本，如案例中张某掌握着公司的核心技术，是公司的核心，如果没有技术支撑，公司的竞争力也将大幅下降。此外，人合性是有限公司较为突出的特点，公司章程和决策以股东的合意为准，股东之间约定特殊的分红比例，只要是各方的真实意思，亦不违反法律规定，故经全体股东决定，可以不按照出资比例进行分红。

法律依据

《中华人民共和国公司法》

第三十四条 股东按照实缴的出资比例分取红利；公司新增资本时，股东有权优先按照实缴的出资比例认缴出资。但是，全体股东约定不按照出资比例分取红利或者不按照出资比例优先认缴出资的除外。

121. 股东对公司债务承担什么责任?

典型案例

鲍某是一家建筑公司的股东，已实缴出资200万元。现建筑公司因经营不善，拖欠很多供应商的货款，对外负债总额有几千万。现在供应商纷纷向法院起诉要求建筑公司支付货款，鲍某作为股东是否应偿还公司拖欠的债务?

律师解析

公司作为企业法人，有独立的法人人格，对于公司经营过程中产生的债务以公司的全部财产承担责任。而股东对公司的债务承担有限责任，即以出资额为限对公司的债务承担责任。案例中鲍某已经实缴出资，故其无须额外对公司债务承担责任。

法律依据

《中华人民共和国公司法》

第三条 公司是企业法人，有独立的法人财产，享有法人财产权。公司以其全部财产对公司的债务承担责任。

有限责任公司的股东以其认缴的出资额为限对公司承担责任；股份有限公司的股东以其认购的股份为限对公司承担责任。

122. 法人和法定代表人有何区别？

典型案例

根据企业营业执照显示，王某是公司的法定代表人，但在平时的交谈过程中都是称王某是公司法人。法人和法定代表人是同一个概念吗？两者之间有什么区别？

律师解析

法律上的法人和日常中说的“法人”并非同一概念，法律中的法人是具有相应民事行为能力，依法独立享有民事权利和承担民事义务的组织，而非某个人。如公司、基金会、事业单位等均是法人。公司的法定代表人通常为董事长、执行董事或者经理，是代表法人从事民事活动的负责人，口语中的“法人”实际上指的是法定代表人。

法律依据

《中华人民共和国民法典》

第五十七条 法人是具有民事权利能力和民事行为能力，依法独立享有民事权利和承担民事义务的组织。

第六十一条 依照法律或者法人章程的规定，代表法人从事民事活动的负责人，为法人的法定代表人。

法定代表人以法人名义从事的民事活动，其法律后果由法人承受。

法人章程或者法人权力机构对法定代表人代表权的限制，不得对抗善意相对人。

123. 公司设立过程中签订的合同由谁担责？

典型案例

杜某是公司的发起人之一，因注册公司需要有固定的经营场所，杜某便在公司设立前以公司名义与某物业公司签订房屋租赁合同，租赁一处办公房屋用于公司经营。该合同期限为两年，租金为 30 万元 / 年，如果承租人到期未支付房租，物业公司应该向杜某还是新设立的公司主张房屋租金？

律师解析

公司在设立过程中尚不具备法人主体资格，故在租赁办公场所时只能由发起人或者股东代为签订租赁合同。案例中杜某在和物业公司签订租房合同时是以公司名义签订的，在公司成立后如果未按合同约定支付房屋租金，物业公司可以直接起诉公司承担合同义务。

法律依据

《最高人民法院关于适用〈中华人民共和国公司法〉若干问题的规定（三）》

第三条 发起人以设立中公司名义对外签订合同，公司成立后合同相对人请求公司承担合同责任的，人民法院应予支持。

公司成立后有证据证明发起人利用设立中公司的名义为自己的利益与相对人签订合同，公司以此为由主张不承担合同责任的，人民法院应予支持，但相对人为善意的除外。

124. 公司是不是大股东一个人说了算?

典型案例

高某、刘某和杨某三人共同投资经营一家餐饮公司，高某投资70万元占股70%，刘某投资20万元占股20%，杨某投资10万元占股10%。公司设立时，三人在章程中约定表决实行一人一票，每人的表决权相同，对外投资需经2/3以上表决权的股东同意。后来高某希望扩大经营，投资新建连锁店，但刘某和杨某认为还不到时机，投票反对。可高某认为自己是最大的股东，可以做出决定。

律师解析

在股东之间没有特别约定的情况下，股东会议由股东按照各自的出资比例行使表决权。但案例中高某、刘某和杨某三人在公司章程中约定采取一人一票的方式进行表决，不按照出资比例行使表决权，该约定符合法律规定。如案例中，虽然高某按照出资比例已超过2/3，但仅其个人赞成投资连锁店，而其他两人反对，该提议并未达到章程规定的通过比例。即便高某是大股东，但也不能一个人说了算。

法律依据

《中华人民共和国公司法》

第四十二条 股东会会议由股东按照出资比例行使表决权；但是，公司章程另有规定的除外。

125. 股票退市，股民怎么办?

典型案例

岳某是一个老股民，炒股十多年了，但最近他买的一只股票突然退市，岳某有点着急。股票怎么还能突然退市，自己已经买的股票该怎么办，还能不能赎回?

律师解析

股票通常有主动退市和被动退市两种情形，主动退市是上市公司因收购并购、经营调整的原因主动提出终止上市；被动退市是上市公司因经营不善或者有其他违规违纪情形被相关监管部门责令暂停、终止上市交易。股票退市后并非立即无法交易，在过渡期内股东可以进行买卖等交易，退市的股份由具有资格的证券公司代办转让。对于上市公司的违法行为负有责任的股东、控制人还应对中小投资者进行赔偿。

法律依据

《中华人民共和国证券法》

第四十八条 上市交易的证券，有证券交易所规定的终止上市情形的，由证券交易所按照业务规则终止其上市交易。

证券交易所决定终止证券上市交易的，应当及时公告，并报国务院证券监督管理机构备案。

《中国证券监督管理委员会关于改革完善并严格实施上市公司退市制度的若干意见》

（十九）明确重大违法公司及相关责任主体的民事赔偿责任。上市公司存在本意见规定的重大违法行为，公司及其控股股东、实际控制人、董事、监事、高级管理人员等相关责任主体，应当按照《证券法》、《国务院办公厅关于进一步加强资本市场中小投资者合法权益保护工作的意见》的规定，赔偿投资者损失；

或者根据信息披露文件中的公开承诺内容或者其他协议安排，通过回购股份等方式赔偿投资者损失。

126. 家中断网造成股票亏损，能否索赔？

典型案例

贺某家中使用某电信公司的宽带。某日贺某在家准备上网炒股时发现网络无法连接，电信公司客服告知设备故障正在检修。一小时后网络连通，但贺某的股票下跌，较原来损失 10 万元。贺某认为因电信公司宽带网络中断导致自己未能及时卖出股票，给自己造成损失，应当由电信公司赔偿，遂起诉至法院。

律师解析

电信公司应当按照合同约定向用户提供网络服务，保证宽带网络通畅。案例中电信公司因设备故障导致网络中断，致使贺某在家中无法上网炒股，属违约情形。但宽带网络并非唯一的上网方式，贺某还可通过手机移动网络进行股票交易，因此其所主张的股票损失与宽带中断并无直接因果关系，且贺某的损失也并非电信公司对于宽带中断所能够预见的损失，故电信公司无须赔偿其股票损失。

法律依据

《中华人民共和国民法典》

第五百八十四条 当事人一方不履行合同义务或者履行合同义务不符合约定，造成对方损失的，损失赔偿额应当相当于因违约所造成的损失，包括合同履行后可以获得的利益；但是，不得超过违约一方订立合同时预见到或者应当预见到的因违约可能造成的损失。

127. 股权如何转让?

典型案例

董健是某有限公司的股东，因与公司其他股东的经营理念存在差异，准备转让股权退出公司。公司本身经营状况不错，很快有人接触董健洽谈股权转让事宜，在转让之前，董健想了解一下转让股权该如何操作？有无限制条件？可以向股东以外的投资者转让股权吗？

律师解析

有限公司股东可以在股东内部转让股权，也可以向股东以外的人转让股权。在股东内部间转让股权法律并没有限制，股东之间达成合意并符合公司章程的规定即可。当股东对外转让股权时，应当就股权转让事宜书面通知其他股东，经其他股东过半数同意的，可以转让股权。在同等条件下，其他股东对转让股权享有优先购买权。

法律依据

《中华人民共和国公司法》

第七十一条 有限责任公司的股东之间可以相互转让其全部或者部分股权。

股东向股东以外的人转让股权，应当经其他股东过半数同意。股东应就其股权转让事项书面通知其他股东征求同意，其他股东自接到书面通知之日起满三十日未答复的，视为同意转让。其他股东半数以上不同意转让的，不同意的股东应当购买该转让的股权；不购买的，视为同意转让。

经股东同意转让的股权，在同等条件下，其他股东有优先购买权。两个以上股东主张行使优先购买权的，协商确定各自的购买比例；协商不成的，按照转让时各自的出资比例行使优先购买权。

公司章程对股权转让另有规定的，从其规定。

128. 合伙人能退出合伙企业吗?

典型案例

林某、张某和黄某三人合伙经营一家餐厅，受疫情影响餐厅经营惨淡，已连续数月亏损。黄某为避免更大的损失，想退出餐厅经营。但当初三人签订的合伙协议未约定经营期限和退出条件，黄某能否自行退伙？

律师解析

合伙企业是合伙人之间出于信任共同设立的企业，具有极强的人合性，故对于入伙、退伙、财产权利转让等涉及经营的重大事项均需要合伙人一致同意。对于合伙人明确约定合伙期限的，当出现约定的退伙事由、合伙人难以继续参加合伙经营等情形，或者是在其他合伙人一致同意的情况下，合伙人可以退伙。案例中三人并未约定合伙期限，黄某若提出退伙应提前 30 天通知其他合伙人，如果没有履行通知义务擅自退伙，给合伙企业造成损失，黄某需承担赔偿责任。

法律依据

《中华人民共和国合伙企业法》

第四十五条　合伙协议约定合伙期限的，在合伙企业存续期间，有下列情形之一的，合伙人可以退伙：

（一）合伙协议约定的退伙事由出现；

（二）经全体合伙人一致同意；

（三）发生合伙人难以继续参加合伙的事由；

（四）其他合伙人严重违反合伙协议约定的义务。

第四十六条　合伙协议未约定合伙期限的，合伙人在不给合伙企业事务执行造成不利影响的情况下，可以退伙，但应当提前三十日通知其他合伙人。

129. 股东虚假出资需要承担哪些责任?

典型案例

江丽和朋友共同创办一家培训公司，其认缴的出资额为300万元，并以自己名下的一套商住房屋作为出资，用作公司办公场所。公司成立后，其他股东发现江丽出资的房屋市场价仅200万元，其虚报了出资价值。

律师解析

股东可以用非货币财产进行出资,虽然现在的公司法取消了强制验资的规定，但股东用实物出资时仍应当按照市场价进行估值，不能够虚报价值。案例中，公司成立后，发现江丽用作出资的房屋价值与其认缴的出资数额差距较大，其他股东可以要求其补足出资差额、履行全面出资义务。若此时公司对外负债，债权人也可以要求江丽在虚假出资的范围内承担连带责任。同时，公司登记机关还可以对虚假出资的股东处以罚款。

法律依据

《中华人民共和国公司法》

第三十条 有限责任公司成立后，发现作为设立公司出资的非货币财产的实际价额显著低于公司章程所定价额的，应当由交付该出资的股东补足其差额；公司设立时的其他股东承担连带责任。

第一百九十九条 公司的发起人、股东虚假出资，未交付或者未按期交付作为出资的货币或者非货币财产的，由公司登记机关责令改正，处以虚假出资金额百分之五以上百分之十五以下的罚款。

130. 股东可以撤回出资吗?

典型案例

赵艳是某科技公司创立时的股东，其认缴出资50万元，并已经向公司的账户中汇缴出资款。现在赵艳准备购买一处房屋，但还差几十万的房款，因贷款成本较高，就想先把50万投资款取出来。

律师解析

公司股东将出资款转入有限公司设立的账户以后即完成出资，此时相应的款项已属于公司的资本，是公司的资产，股东个人无权支配。如果赵艳急需用钱，可以将股权转让给其他股东或投资者。若擅自将入股资金转出，或者是利用关联交易、通过虚构债权债务或其他未经法定程序等方式转出资金的，则属于抽逃出资的违法行为。

法律依据

《中华人民共和国公司法》

第三十五条　公司成立后，股东不得抽逃出资。

《最高人民法院关于适用〈中华人民共和国公司法〉若干问题的规定（三）》

第十二条　公司成立后，公司、股东或者公司债权人以相关股东的行为符合下列情形之一且损害公司权益为由，请求认定该股东抽逃出资的，人民法院应予支持：

（一）制作虚假财务会计报表虚增利润进行分配；

（二）通过虚构债权债务关系将其出资转出；

（三）利用关联交易将出资转出；

（四）其他未经法定程序将出资抽回的行为。

131. 合伙人退伙后还需要对合伙企业承担责任吗?

典型案例

高璐原来和大学同学经营一家合伙企业，后来因从事其他工作退出合伙企业经营。半年后高璐突然收到法院的传票，发现汪洋把合伙企业告上法庭，原因是汪洋半年前购买的玻璃杯破裂，要求合伙企业赔偿各项损失 20 万元，自己承担连带责任。高璐对此很疑惑，自己已经退出企业经营，退伙时还和公司做了结算，为什么自己会成为被告。

律师解析

当合伙企业的财产不足以清偿债务时，合伙人对于合伙企业的债务承担无限连带责任，即便合伙人退出，仍需要对因其退伙前的原因产生的债务承担连带责任。本案中，虽然汪洋提出赔偿的要求在高璐退伙之后，但汪洋购买商品时高璐是合伙人之一，因此高璐需要对合伙企业的债务承担连带责任。

法律依据

《中华人民共和国合伙企业法》

第五十三条 退伙人对基于其退伙前的原因发生的合伙企业债务，承担无限连带责任。

第八篇　合同常识

132. 未成年人打赏主播，钱能退吗？

典型案例

受疫情影响学校没有开学，王飞 10 岁的儿子王小飞一直在家上网课。有一天王飞突然发现自己的支付宝账户中有几笔大额支出，共计 12000 元，收款方都是某网络直播平台。经询问后得知是儿子在上网课的时候看网络直播，给主播打赏的花费。发现异常后，王飞便联系直播平台的客服，提出退还儿子支付的打赏费用，但遭到该平台拒绝。

律师解析

王小飞年仅 10 岁，属于限制民事行为能力人，其实施民事法律行为需由其法定代理人（通常为父母）代理或者事后经其法定代理人同意、追认。在打赏主播时，王小飞以为只是使用平台的积分，不知道打赏的金币是花钱购买的。王飞发现异常后立即联系直播平台，对王小飞打赏行为提出异议，表明其对儿子的打赏行为没有认可。因王小飞打赏时不具备相应的民事行为能力，其打赏的行为应属无效，直播平台应当退还相应的花费。

法律依据

《中华人民共和国民法典》

第十九条　八周岁以上的未成年人为限制民事行为能力人，实施民事法律行为由其法定代理人代理或者经其法定代理人同意、追认；但是，可以独立实施纯获利益的民事法律行为或者与其年龄、智力相适应的民事法律行为。

133. 定金和订金有何区别?

典型案例

李晶通过中介购买一套二手房，在和卖家吴磊就房屋价款、过户事宜协商一致后向吴磊支付10万元定金，约定一周后签订正式的房屋买卖合同。但支付定金后，李晶看到又一处房子更适合自己，和吴磊协商退还10万元定金，但遭到拒绝。

律师解析

在购车、购房时，销售方为留住客户顺利签单，常会在签订合同前要求客户支付一定预定款项，这笔款项有时写作“定金”，有时写作“订金”。订金和定金读音相同，但含义和法律后果并不相同。

订金、押金等具有一定的预约性质，消费者向商家支付订金后，商家预留相应的产品或服务，如果消费者或者商家希望解除合同，可以要求退还或者返还已经支付的订金。定金则具有担保性质，如收受定金一方不履行义务，应双倍返还定金；若给付定金一方违约，则无权要求返还定金。案例中李晶和吴磊约定10万元为定金，若李晶另选其他房屋，不和吴磊签合同，则无权要求吴磊返还。

法律依据

《中华人民共和国民法典》

第五百八十七条 债务人履行债务的，定金应当抵作价款或者收回。给付定金的一方不履行债务或者履行债务不符合约定，致使不能实现合同目的的，无权请求返还定金；收受定金的一方不履行债务或者履行债务不符合约定，致使不能实现合同目的的，应当双倍返还定金。

134. 双方口头约定后未签合同，一方不履行该怎么办？

典型案例

顾某家中装修需采购建材，进入某商户看瓷砖时，商家宣传自己的瓷砖质量好、价格低，现在购买还有礼品赠送。顾某当天付款购买，在瓷砖送到后顾某发现没有商家承诺的赠品，打电话过去商家不承认有赠品，还称价格非常低不会有赠品的。

律师解析

当事人订立合同可以采取口头形式，口头约定虽然方便快捷，但对于双方权利义务没有书面约定，履行过程中容易发生争议。如案例中，顾某购买瓷砖时商家承诺有礼品赠送，顾某才会在此购买，但合同履行过程中商家反悔，不交付赠品，顾某也没有证据能够证明双方之间有关于赠品的约定，无法主张权利。笔者建议大家在订立合同时尽量选择书面形式，对商品的数量、性质、价款和权利义务明确约定，如确需采取口头形式，应留存相关证据，以保障自己的权利。

法律依据

《中华人民共和国民法典》

第四百六十九条　当事人订立合同，可以采用书面形式、口头形式或者其他形式。

书面形式是合同书、信件、电报、电传、传真等可以有形地表现所载内容的形式。

以电子数据交换、电子邮件等方式能够有形地表现所载内容，并可以随时调取查用的数据电文，视为书面形式。

135. 合同中“不能退费”的约定有效吗?

典型案例

理发时店员向周峥推荐会员卡，说充值5000元可享受3.8折优惠。周峥看办卡后价格很低，就充值5000办了会员卡。但没过多久，周峥的公司安排其到外地分公司任职，因不能继续使用会员卡，周峥便提出退卡，但理发店推辞说办卡时周峥签的会员购卡协议中写明了办卡后概不退费，不同意退款。

律师解析

理发店的储值会员卡是一种商业预付卡，根据相关管理规定，发卡企业应当提供退卡服务。理发店提出购卡协议中已明确约定不能退费，但购卡协议属于理发店提供的格式合同，其中不能退费的约定加重了消费者的责任、限制消费者的主要权利，应属无效。周峥因工作原因搬家提出退款，理发店应当将卡内余额退还。

法律依据

《中华人民共和国民法典》

第四百九十七条　有下列情形之一的，该格式条款无效：

（一）具有本法第一编第六章第三节和本法第五百零六条规定的无效情形；

（二）提供格式条款一方不合理地免除或者减轻其责任、加重对方责任、限制对方主要权利；

（三）提供格式条款一方排除对方主要权利。

《单用途商业预付卡管理办法（试行）》

第二十一条第一款　发卡企业或售卡企业应依单用途卡章程或协议约定，提供退卡服务。

136. 只有签字没有盖章的合同生效吗?

典型案例

刘星是建筑公司的法定代表人，到外地和钢材公司商谈采购事宜，双方准备签订钢材订购协议时刘星发现没有带公章，只签了自己的名字。钢材公司提出建筑公司没有盖章的问题，但刘星解释自己是法定代表人，自己签字和公司盖章效力相同，是这样吗?

律师解析

当事人签订合同时可以采取签字、盖章或者按指印的方式确认，三种形式是并列关系，法律并不要求全部使用，故只有签字或者只有盖章均产生签订合同的效果。刘星作为公司的法定代表人，可以对外代表公司，其代表建筑公司和钢材公司签订的合同有效。但如果签名的人非法定代表人，而是普通员工，则需要具有公司的授权才能代表公司签订合同。

法律依据

《中华人民共和国民法典》

第六十一条第二款　法定代表人以法人名义从事的民事活动，其法律后果由法人承受。

第四百九十条第一款　当事人采用合同书形式订立合同的，自当事人均签名、盖章或者按指印时合同成立。在签名、盖章或者按指印之前，当事人一方已经履行主要义务，对方接受时，该合同成立。

137. 未约定借款利息，起诉时可以要求支付利息吗?

典型案例

邱某因公司周转困难，向王某借款20万元并出具借条，约定一年后归还借款。一年后，邱某未按期还款，经王某多次催要仍拒不还款，王某遂到法院起诉要求邱某偿还借款本金20万元，并按一年期贷款市场报价利率计算利息。

律师解析

在民间借贷关系中，当事人可以自行约定借款利息。邱某和王某仅约定还款期限，在借条中没有约定借款利息，故视为没有利息，王某要求邱某支付借期内利息的请求恐不会得到法院支持。但邱某在借款到期后仍未还款，王某可以要求其承担逾期还款的违约责任。

法律依据

《中华人民共和国民法典》

第六百八十条 禁止高利放贷，借款的利率不得违反国家有关规定。

借款合同对支付利息没有约定的，视为没有利息。

借款合同对支付利息约定不明确，当事人不能达成补充协议的，按照当地或者当事人的交易方式、交易习惯、市场利率等因素确定利息；自然人之间借款的，视为没有利息。

138. 欺骗他人签订的合同有效吗?

典型案例

刘佳在家中找到一块砚台，找到古董商张强进行鉴定。张强查看砚台后认为是老坑端砚，品相非常好，价值几十万元，但却告诉刘佳该砚台是近代的，不值什么钱。张强提出以8000元的价格收购砚台，刘佳同意。后来刘佳从朋友口中得知自己上当了，原来该砚台是老坑的上等品，价值近百万，便到法院起诉要求张强返还砚台。

律师解析

张强作为古董商掌握鉴别古玩的知识和技术，对于砚台的实际价值是知晓的。但其告知刘佳砚台是仿品，不值钱，并以低价收购，属于欺诈行为。刘佳基于张强的分析决定将砚台低价出售，其对砚台价值存在重大误解，可以向法院申请撤销与张强之间的买卖合同，要求张强返还砚台。

法律依据

《中华人民共和国民法典》

第一百四十七条　基于重大误解实施的民事法律行为，行为人有权请求人民法院或者仲裁机构予以撤销。

第一百四十八条　一方以欺诈手段，使对方在违背真实意思的情况下实施的民事法律行为，受欺诈方有权请求人民法院或者仲裁机构予以撤销。

第一百五十条　一方或者第三人以胁迫手段，使对方在违背真实意思的情况下实施的民事法律行为，受胁迫方有权请求人民法院或者仲裁机构予以撤销。

139. 债务人欠款未还，却不收取在外债权，该怎么办？

典型案例

刘军做生意需资金周转向朋友王斌借款20万元，因两人交情甚好便没有签书面借款协议，刘军表示收到回款后马上偿还，但两年后仍未还款。王斌找刘军要钱时他总说暂时没钱，可王斌听说夏某欠刘军一笔钱，但刘军一直没有要求夏某还款。这种情况下王斌能否直接要求夏某向自己还款？

律师解析

案例中刘军向王斌借款，到期未还，其表示没有钱还款。但同时夏某尚欠刘军一笔款项，而且也已经到清偿期，但刘军故意拖延，既不要求夏某还款也不偿还对王斌的欠款，影响王斌债权的实现。为避免此种情况损害债权人利益，法律规定代位权制度，王斌可以直接起诉夏某要求其替刘军偿还欠款。

法律依据

《中华人民共和国民法典》

第五百三十五条 因债务人怠于行使其债权或者与该债权有关的从权利，影响债权人的到期债权实现的，债权人可以向人民法院请求以自己的名义代位行使债务人对相对人的权利，但是该权利专属于债务人自身的除外。

代位权的行使范围以债权人的到期债权为限。债权人行使代位权的必要费用，由债务人负担。

相对人对债务人的抗辩，可以向债权人主张。

140. 答应送给别人东西后可以反悔吗？

典型案例

王某的侄子小王喜欢摄影，为鼓励侄子好好学习，提出如果侄子拿到奖学金就送给他一台相机。小王努力学习，各项成绩均名列前茅，在评优中获得学校的奖学金，但王某并没有给侄子买相机，王某是否存在违约？

律师解析

王某提出送给小王一部相机，小王表示接受，赠与合同已经成立，但实际上王某并没有实际赠与小王相机。不过赠与合同不同于其他合同，赠与人享有任意撤销权，在赠与物的权利转移之前可以撤销赠与，故王某不再向小王赠与相机不属于违约情形。但是对于当事人提出向医疗机构、公益机构的捐助，因具有公益、道德义务性质，赠与人不能随意撤销。

法律依据

《中华人民共和国民法典》

第六百五十八条 赠与人在赠与财产的权利转移之前可以撤销赠与。

经过公证的赠与合同或者依法不得撤销的具有救灾、扶贫、助残等公益、道德义务性质的赠与合同，不适用前款规定。

141. 网页宣传与实物不一致怎么办?

典型案例

杨某在网上购买一款玻璃杯，网页宣传载明商品可以使用微波炉加热，便购买此款可微波加热的牛奶杯。但收到商品后，商品包装和说明书上却写明禁止使用微波炉加热。杨某收到的商品和商家的宣传不一致，联系商家后，其却表示网页宣传没有问题，对问题商品不予处理。

律师解析

电子商务经营者销售商品时，应当如实展示关于商品质量、性能、用途等方面的信息，不能够做引人误解的宣传。案例中商家网页介绍玻璃杯可用于微波炉加热，而实际商品的说明书中却警告消费者不能加热，宣传页面与实物不相符，在销售过程中存在欺诈行为，侵犯了消费者的知情权。杨某可以要求商家退款并赔偿损失，如协商不成，可以向市场监管部门投诉，或者直接到法院起诉。

法律依据

《中华人民共和国消费者权益保护法》

第二十条 经营者向消费者提供有关商品或者服务的质量、性能、用途、有效期限等信息，应当真实、全面，不得作虚假或者引人误解的宣传。

经营者对消费者就其提供的商品或者服务的质量和使用方法等问题提出的询问，应当作出真实、明确的答复。

经营者提供商品或者服务应当明码标价。

142. 对交友平台服务不满可以要求退费吗?

典型案例

王琳在某交友网站注册会员，通过网站约见了几个网友但并不满意，随后购买了 19999 元的精英交友服务包。购买后，平台提供的男士资料和此前普通会员提供的并没有差距，两个多月都没有安排到比较满意的相亲对象，王琳遂提出退款。

律师解析

王琳购买的交友服务包实际上是和交友平台订立的服务合同，婚介公司应当按照约定提供服务。如果婚介平台提供的服务与免费会员享受的服务无异，平台提供的交友对象不能达到用户在签订协议时提出的条件以及其宣传中的精英条件，则属于违约行为，消费者可以提出解除合同，要求平台退还剩余费用。

法律依据

《中华人民共和国民法典》

第五百六十三条　有下列情形之一的，当事人可以解除合同：

（一）因不可抗力致使不能实现合同目的；

（二）在履行期限届满前，当事人一方明确表示或者以自己的行为表明不履行主要债务；

（三）当事人一方迟延履行主要债务，经催告后在合理期限内仍未履行；

（四）当事人一方迟延履行债务或者有其他违约行为致使不能实现合同目的；

（五）法律规定的其他情形。

以持续履行的债务为内容的不定期合同，当事人可以随时解除合同，但是应当在合理期限之前通知对方。

143. 保险合同可以由他人代签吗?

典型案例

李健想给家人投保一份意外保险，在与保险公司业务员谈好险种、缴费方式后约定周末签订保险合同。但公司突然派李健出差，周末不能去签合同，遂提出让业务员将合同扫描后发给自己确认，先由业务员代签字。由其他人代签的保险合同是否有效?

律师解析

合同自当事人签字、盖章或者按指印后生效，合同上的签名应由当事人本人签署，如果没有当事人的授权，他人代为签署的合同对当事人不生效。保险公司在和消费者订立保险合同时同样应当让投保人签字，如果由保险人代签，对投保人不生效。而案例中李健确认合同内容后让业务员代签名，且已经按照保险合同的约定交纳保险费，视为其对签字的认可，保险合同有效。

法律依据

《最高人民法院关于适用〈中华人民共和国保险法〉若干问题的解释（二）》

第三条 投保人或者投保人的代理人订立保险合同时没有亲自签字或者盖章，而由保险人或者保险人的代理人代为签字或者盖章的，对投保人不生效。但投保人已经交纳保险费的，视为其对代签字或者盖章行为的追认。

保险人或者保险人的代理人代为填写保险单证后经投保人签字或者盖章确认的，代为填写的内容视为投保人的真实意思表示。但有证据证明保险人或者保险人的代理人存在保险法第一百一十六条、第一百三十一条相关规定情形的除外。

144. 帮朋友保管的物品损坏了怎么办？

典型案例

王刚要去看望在国外生活的儿子，准备一起过年，一去就是两三个月，王刚担心天气太冷汽车电瓶亏电，遂将车辆交给好友张林保管，让张林每周开车转一转。某日张林开车出门的时候被刘某驾车追尾，交管部门认定刘某负全责。张林将事故情况告诉王刚，可王刚却要求张林赔偿车辆贬值损失。

律师解析

王刚将车辆交由张林保管，双方之间形成保管合同关系，张林应当妥善保管车辆。张林开车出门是应王刚的要求，以保证车辆性能良好，没有违反合同义务。张林无偿为王刚保管车辆，虽然发生交通事故，但张林不承担事故责任，对于车辆的损坏没有重大过失，无须赔偿车辆损失。对于车辆的损失，王刚可另行向侵权人刘某主张。

法律依据

《中华人民共和国民法典》

第八百九十七条　保管期内，因保管人保管不善造成保管物毁损、灭失的，保管人应当承担赔偿责任。但是，无偿保管人证明自己没有故意或者重大过失的，不承担赔偿责任。

145. 航班托运的行李损坏了怎么办？

典型案例

刘娟利用假期和家人去三亚度假，特意带了一个新买的行李箱，可下飞机取行李时发现行李箱被摔裂了，便去找航空公司理论。航空公司提出对摔坏的行李箱仅赔付 200 元，可刘娟认为赔偿难以弥补损失，要求航空公司按购买价赔偿。

律师解析

旅客乘坐航班时托运行李，与航空公司之间形成运输合同关系，航空公司应当保证将托运行李完好地送往目的地。刘娟的行李箱在托运过程中发生损坏，航空公司应承担赔偿责任。但在国内，航空公司对因航空运输中发生的行李损坏并非按照物品实际价值赔偿，而是按照中国民航局制定的国内航空运输承运人赔偿责任限额的规定计算，托运行李赔偿限额为 100 元 / 公斤。

法律依据

《中华人民共和国民用航空法》

第一百二十八条　国内航空运输承运人的赔偿责任限额由国务院民用航空主管部门制定，报国务院批准后公布执行。

旅客或者托运人在交运托运行李或者货物时，特别声明在目的地点交付时的利益，并在必要时支付附加费的，除承运人证明旅客或者托运人声明的金额高于托运行李或者货物在目的地点交付时的实际利益外，承运人应当在声明金额范围内承担责任；本法第一百二十九条的其他规定，除赔偿责任限额外，适用于国内航空运输。

《国内航空运输承运人赔偿责任限额规定》

第三条 国内航空运输承运人（以下简称承运人）应当在下列规定的赔偿责任限额内按照实际损害承担赔偿责任，但是《民用航空法》另有规定的除外：

（一）对每名旅客的赔偿责任限额为人民币 40 万元；

（二）对每名旅客随身携带物品的赔偿责任限额为人民币 3000 元；

（三）对旅客托运的行李和对运输的货物的赔偿责任限额，为每公斤人民币 100 元。

146. 坐公交车受伤了怎么办？

典型案例

赵杰乘坐公交车上班，车辆行驶中与突然并线的小客车相撞，碰撞的冲击导致站在公交车内的赵杰摔倒，经医院诊断为胳膊骨折。两个月后赵杰痊愈，但公交公司除在其住院时有过慰问，之后就不再露面，也没有赔偿其医疗费、误工费，赵杰遂到法院起诉，要求公交公司赔偿损失。

律师解析

乘客在刷卡、购票后乘车，即与公交公司之间形成客运合同关系，公交公司应当将乘客安全地运送到目的地。案例中赵杰乘坐的公交车发生交通事故，致使赵杰受伤，公交公司未能保证乘车人的安全应承担赔偿责任，赵杰可以基于客运合同关系起诉。此外，赵杰因交通事故受伤，也可从侵权的角度起诉事故责任方要求赔偿。

法律依据

《中华人民共和国民法典》

第八百二十三条　承运人应当对运输过程中旅客的伤亡承担赔偿责任；但是，伤亡是旅客自身健康原因造成的或者承运人证明伤亡是旅客故意、重大过失造成的除外。

前款规定适用于按照规定免票、持优待票或者经承运人许可搭乘的无票旅客。

147. 出租车拒载合法吗?

典型案例

张英从国外旅行回来，因携带的行李比较多便准备打车回家，准备上车时出租车司机询问要去哪里，张英告知后出租车司机就表示“要收车了，不顺路”，其实是嫌张英去的地方太近。接连换了几辆出租车，都被拒载，气愤之下，张英向交通运输部门投诉要求对拒载的司机予以处罚。

律师解析

巡游出租车是公共运输的一部分，其在路上巡游或者在机场、火车站的出租车等候区待租都是从事运营的一部分，乘客拦下车辆后出租司机应当将旅客送达指定的目的地，不能拒绝乘客合理的运输要求。张英打车回家，且没有携带违禁品，出租车司机以路途太近为由拒载违反相关管理规定。张英可以向运输管理部门投诉。

法律依据

《中华人民共和国民法典》

第八百一十条　从事公共运输的承运人不得拒绝旅客、托运人通常、合理的运输要求。

《巡游出租汽车经营服务管理规定》

第二十三条 巡游出租汽车驾驶员应当按照国家出租汽车服务标准提供服务，并遵守下列规定：

……

（八）按照乘客指定的目的地选择合理路线行驶，不得拒载、议价、途中甩客、故意绕道行驶；

……

第四十七条 巡游出租汽车驾驶员违反本规定，有下列情形之一的，由县级以上地方人民政府出租汽车行政主管部门责令改正，并处以200元以上2000元以下罚款：

（一）拒载、议价、途中甩客或者故意绕道行驶的；

……

148. 提前订好酒店却不能入住该怎么办？

典型案例

平时工作繁忙，李明想利用假期带家人出去放松一下，正好看到网上有某温泉度假村的优惠活动，就在网上预订了两间房。假期一到，李明一家便收拾好行李前往度假村，但到前台办理入住时却被告知没有查到预订信息不能入住。为了不影响假期，李明只能在前台重新付费订房。自己已经在网上付款预订成功，酒店却不让入住，该怎么办？

律师解析

李明通过某网站预订酒店房间，已经支付相应的价款，其与平台之间形成服务合同关系。合同成立后，双方都应当积极履行各自的义务。在李明预订房间后，平台应当保证其能够按期入住房间。如果网站在与酒店沟通后存在问题，应当及时告知消费者，并与消费者协商变更入住酒店、出行日期或者进行退款。现因网站违约，李明可要求网站退还房款并赔偿房屋差价等损失。

法律依据

《中华人民共和国民法典》

第五百七十七条　当事人一方不履行合同义务或者履行合同义务不符合约定的，应当承担继续履行、采取补救措施或者赔偿损失等违约责任。

149. 导游要求强制购物怎么办？

典型案例

林希看到微信群里发的旅游信息，从北京到云南的五日游只要999元，要是自己出行的话这钱还不够路费，觉得跟团游又省心又便宜就报名了。到云南后，景点没有去几个，导游却总是安排去购物，甚至在带他们到乳胶销售店时说不消费不让上车，无奈之下林希只好花10000元购买乳胶床垫。回到家，林希越想越不对劲，加上买东西的钱，这团费比自己出行贵多了。

律师解析

旅游经营者不能够用低价团吸引游客，而后在旅游过程中以带领游客购物、参加自费项目等方式收取回扣。未经旅游者同意，不得指定购物场所，也不能诱导、强迫旅游者购物。案例中旅行经营者、导游强迫游客购物，违反法律规定，林希可以要求旅行社返还购物的费用。同时可以向旅游主管部门投诉，由相关部门对旅行社、导游的违规行为进行处理。

法律依据

《中华人民共和国旅游法》

第三十五条 旅行社不得以不合理的低价组织旅游活动，诱骗旅游者，并通过安排购物或者另行付费旅游项目获取回扣等不正当利益。

旅行社组织、接待旅游者，不得指定具体购物场所，不得安排另行付费旅游项目。但是，经双方协商一致或者旅游者要求，且不影响其他旅游者行程安排的除外。

发生违反前两款规定情形的，旅游者有权在旅游行程结束后三十日内，要求旅行社为其办理退货并先行垫付退货货款，或者退还另行付费旅游项目的费用。

150. 受胁迫写的借条有效吗?

典型案例

2019 年 3 月彭某向郭某借款 10 万元，约定一年后还款，双方未约定利息。但因疫情影响，门店经营惨淡，借款到期后彭某未按时偿还。郭某带人到彭某店里要钱时要求彭某写一张借条，其表明，“算上一年的利息借款本金写为 12 万，年利率 15%”。彭某虽提出借款没有利息，但郭某威胁不写借条就把店砸了，彭某无奈写下借条。

律师解析

自然人之间的借款并不为法律禁止，借贷双方可以就借款利息进行约定，但如果借款时没有违约，则视为没有利息。彭某和郭某之间的借款本没有利息，现在郭某带人讨债，并以砸店威胁彭某写下借条，并非彭某的真实意思。彭某因受胁迫写下欠条后，可以请求法院撤销。

法律依据

《中华人民共和国民法典》

第一百五十条 一方或者第三人以胁迫手段，使对方在违背真实意思的情况下实施的民事法律行为，受胁迫方有权请求人民法院或者仲裁机构予以撤销。

151. 银行卡被盗刷可以要求银行赔偿吗？

典型案例

张丽突然收到短信提醒自己的银行卡有几笔交易，共计15000元，随即登录网银查询，交易记录显示银行卡确实有几笔取款和消费记录，但取款和消费地点均在济南。但发生交易的银行卡一直在张丽手中，没有丢失，其本人一直在北京没有去过济南。张丽认为自己的银行卡被盗刷，银行存在过错，要求银行赔偿，但遭到拒绝。

律师解析

商业银行对储户的存款具有安全保障义务，应当保障用户的资金安全。张丽的银行卡没有丢失，却在外地遭到盗刷，是银行的防伪技术存在漏洞。银行的交易系统存在安全缺陷，未能履行安全保障义务，使得用户的银行卡被盗刷，属于违约，且给用户造成损失，应当承担赔偿责任。

法律依据

《中华人民共和国商业银行法》

第六条 商业银行应当保障存款人的合法权益不受任何单位和个人的侵犯。

《中华人民共和国民法典》

第五百八十四条 当事人一方不履行合同义务或者履行合同义务不符合约定，

造成对方损失的，损失赔偿额应当相当于因违约所造成的损失，包括合同履行后可以获得的利益；但是，不得超过违约一方订立合同时预见到或者应当预见到的因违约可能造成的损失。

第九篇　劳动权益

152. 用人单位不签劳动合同该怎么办？

典型案例

张驰是一名应届毕业生，通过面试后入职一家新媒体公司的市场部。上班的第一天去人事部门报到时，张驰询问关于签订劳动合同的事情，但人事部门告知新员工试用期间不用签合同，等 3 个月转正后再签订正式的劳动合同。这是张驰的第一份工作，虽然很希望有所发展，但他对用人单位不签劳动合同感觉很不踏实。

律师解析

用人单位自用工之日起与劳动者建立劳动关系，并应当与劳动者订立书面劳动合同。如果用人单位在劳动者入职时未与其签订合同，最迟应在用工之日起一个月内签订书面劳动合同，并非要等试用期结束后再签订劳动合同。如用人单位自用工之日起超过一个月仍未与劳动者订立书面劳动合同，劳动者可以要求用人单位自用工的第二个月起每月支付二倍的工资（首次签订劳动合同的劳动者，至多可主张 11 个月二倍工资差额）。如果用人单位拒绝支付，劳动者可以向劳动行政部门投诉或者申请劳动仲裁进行维权。

法律依据

《中华人民共和国劳动合同法》

第七条 用人单位自用工之日起即与劳动者建立劳动关系。用人单位应当建立职工名册备查。

第十条 建立劳动关系，应当订立书面劳动合同。

已建立劳动关系，未同时订立书面劳动合同的，应当自用工之日起一个月内订立书面劳动合同。

用人单位与劳动者在用工前订立劳动合同的，劳动关系自用工之日起建立。

第八十二条第一款 用人单位自用工之日起超过一个月不满一年未与劳动者订立书面劳动合同的，应当向劳动者每月支付二倍的工资。

153. 签劳动合同时需要注意什么？

典型案例

高峰毕业后一直在公司做行政工作，觉得工作太单调准备换工作。正好看到某投资公司招聘销售精英，便前去新公司面试。面试时投资公司提出的待遇是底薪 3500 元加上提成，还有交通、误餐、通信等补助，月薪不低于 1 万元。高峰觉得新公司福利待遇不错，工资比原来高很多，当场就在劳动合同上签字。可等到发工资的时候，高峰只收到 3500 元，便去人事部门理论，人事部门拿出其签字的劳动合同指出，合同只约定月薪 3500 元，并没有提成和其他福利的相关约定。

律师解析

除双方当事人信息外，劳动合同还应当具备劳动合同期限、工作内容和工作地点、工作时间和休息休假、劳动报酬以及社会保险等条款。劳动者在与用人单位签订劳动合同时应当仔细阅读合同条款，特别注意工作地点、工作内容及薪资福利等与自身利益密切相关的条款，查看工作岗位、工资、奖金等事项是否与此前面试时商谈的一致。如用人单位提供的劳动合同未填写相关内容，应要求其将空缺项填写完整，不要签署空白的合同，以免出现案例中的情况。

法律依据

《中华人民共和国劳动合同法》

第十七条 劳动合同应当具备以下条款：

（一）用人单位的名称、住所和法定代表人或者主要负责人；

（二）劳动者的姓名、住址和居民身份证或者其他有效身份证件号码；

（三）劳动合同期限；

（四）工作内容和工作地点；

（五）工作时间和休息休假；

（六）劳动报酬；

（七）社会保险；

（八）劳动保护、劳动条件和职业危害防护；

（九）法律、法规规定应当纳入劳动合同的其他事项。

劳动合同除前款规定的必备条款外，用人单位与劳动者可以约定试用期、培训、保守秘密、补充保险和福利待遇等其他事项。

154. 公司可以调整员工的工作岗位吗？

典型案例

王宇是某培训机构的教师，各项考核分数都排名靠前，后因工作与领导发生矛盾，之后单位决定将王宇调至后勤岗位工作。迫于无奈王宇只能先到后勤部门工作，但收入与之前相比下降很多，于是王宇申请调回到原来的岗位继续教课，但培训机构不同意。领导提出让他主动辞职，否则就继续安排其做后勤工作。

律师解析

用人单位想要辞退劳动者，但又不愿支付经济补偿金，采取调岗降薪的方式迫使劳动者主动辞职是较为常见的做法。但若用人单位与劳动者签订的劳动合同中没有约定如何调岗，用人单位调整工作岗位时应与劳动者协商一致，或者是在劳动者不能胜任原岗位工作时可以进行相应地调整。用人单位单方面调整劳动者的工作岗位属于违约。如果劳动合同中约定用人单位可根据生产经营状况调岗，在生产经营状况确实发生变化时，用人单位可以合理调整劳动者的工作岗位。

法律依据

《中华人民共和国劳动合同法》

第三十五条 用人单位与劳动者协商一致，可以变更劳动合同约定的内容。变更劳动合同，应当采用书面形式。

变更后的劳动合同文本由用人单位和劳动者各执一份。

155. 劳动者可以“不辞而别”吗?

典型案例

李可是某公司的公关经理，帮助公司妥善处理过很多突发事件，成功组织过很多次公司的大型招待会，领导对其工作很满意。但正在公司准备筹划年会时，另一家公司向李可发来邀请。因离家更近、待遇更好，李可决定辞职到该公司工作，便向原公司提出辞职，但被领导拒绝了。因新公司要求尽早入职，李可便不辞而别，直接到新的公司工作。

律师解析

解除劳动合同是劳动者的权利，但也应当符合法律的规定。在用人单位没有过错的情况下，劳动者单方提出解除劳动合同应当提前30日（试用期内提前3天）以书面形式通知用人单位，并按照双方的约定办理工作交接。法律这样规定是为了给用人单位寻找替代员工的时间，以保证单位正常运转。如果劳动者不辞而别，也不进行工作交接，给用人单位造成损失的，需要承担赔偿责任。

法律依据

《中华人民共和国劳动合同法》

第九十条　劳动者违反本法规定解除劳动合同，或者违反劳动合同中约定的保密义务或者竞业限制，给用人单位造成损失的，应当承担赔偿责任。

156. 加班费该怎样计算？

典型案例

马骁在某软件公司担任研发工作，但IT行业“996”的工作模式很普遍，每天工作时间超过8小时，而且周末和节假日还要加班。因日常工作较为紧张，公司不能安排调休，便以每月在工资中支付一定加班费的方式予以员工补偿。但马骁发现公司支付的加班费很少，认为公司应当每月按照法律规定的比例支付其加班费。

律师解析

通常情况下，大多数用人单位实行标准工时工作制，即职工每日工作8小时、每周工作40小时，安排劳动者延长工作时间的则属于加班，需要向劳动者支付相应的加班费。安排劳动者延长工作时间、安排劳动者休息日工作以及在法定节假日安排劳动者工作的应分别按照不低于150%、200%及300%的标准向劳动者支付加班费。如果用人单位拒不支付加班工资，劳动者可向劳动行政部门投诉，由相关部门进行查处。

法律依据

《中华人民共和国劳动法》

第四十四条 有下列情形之一的，用人单位应当按照下列标准支付高于劳动者正常工作时间工资的工资报酬：

（一）安排劳动者延长工作时间的，支付不低于工资的百分之一百五十的工资报酬；

（二）休息日安排劳动者工作又不能安排补休的，支付不低于工资的百分之二百的工资报酬；

（三）法定休假日安排劳动者工作的，支付不低于工资的百分之三百的工资报酬。

157. 劳动者自愿加班，单位需要支付加班费吗?

典型案例

田野所在的公司和其妻子淑芬的公司同在一个园区，每天一同上下班。淑芬每周有两天晚班，要到晚上8点下班。田野想着自己加班两小时，等淑芬一起回家，还能申请加班费，一举两得。考勤出来后，田野申请加班费却被拒绝，人事部门称其加班没有领导审批，自愿加班公司不支付加班费。

律师解析

用人单位因生产经营需要，安排劳动者延长工作时间的，需要依法支付加班费。案例中，根据考勤记录，田野确有延长工作时间下班的情况，但根据公司的规章制度，员工加班需经部门负责人审批，劳动者自愿延长工作时间不属于加班，公司不支付加班费。因田野加班未经领导审批，且公司并无交给其需要立即完成的工作，故公司可以不支付其加班费。

法律依据

《最高人民法院关于审理劳动争议案件适用法律问题的解释（一）》

第五十条第一款 用人单位根据劳动合同法第四条规定，通过民主程序制定的规章制度，不违反国家法律、行政法规及政策规定，并已向劳动者公示的，可以作为确定双方权利义务的依据。

158. 入职新公司可以休年假吗？

典型案例

王芳在原公司工作已满 10 年，后跳槽至新公司。因准备和家人外出度假，便向公司申请休年假，但公司人力资源部告知王芳，因其入职公司未满一年，不能享受带薪年假。但王芳认为，其已经工作满 10 年，可以享受 10 天的带薪年假。

律师解析

现实中常有类似的问题，新入职的员工提出休年假时，公司告知，根据考勤休假制度，新员工入职不满一年的，不享有带薪年假。但这一规定并不合法，劳动者连续工作满 12 个月的，即可享受带薪年假。案例中王芳工作已满 10 年，符合享受年假的条件。但如果劳动者在年中入职新公司，其当年享受的年假天数应按照当年度在本单位剩余日历天数折算，折算后不足一天的部分不享受年假。以王芳 5 月 1 日入职为例，在新单位工作时间当年剩余 245 天，245 天 / 365 天 ×10 天 = 6.7 天，其当年仍可享受 6 天带薪年假。

法律依据

《企业职工带薪年休假实施办法》

第三条 职工连续工作满 12 个月以上的，享受带薪年休假（以下简称年休假）。

第五条 职工新进用人单位且符合本办法第三条规定的，当年度年休假天数，按照在本单位剩余日历天数折算确定，折算后不足1整天的部分不享受年休假。

前款规定的折算方法为：（当年度在本单位剩余日历天数 ÷365天）× 职工本人全年应当享受的年休假天数。

159. 用人单位可以用社保补助替代缴纳社保吗？

典型案例

托尼是某理发店的员工，工资是底薪3500元加上提成。公司不给员工缴纳社保，每个月额外支付员工600元社保补助，入职时还让员工签订一份自愿放弃缴纳社保申请书。托尼虽然觉得不上社保不合法，但自己身体还不错，很少用到医保，且还有600元补助，到手收入能高一些，就接受了这个条件。

律师解析

部分用人单位为了节约用人成本，不给员工缴纳社保，让员工签订自愿领取社保补助，不要求用人单位缴纳社保的文件，以规避相关法律责任。但社会保险具有社会统筹性质，缴纳社保是用人单位和劳动者的法定义务，不能通过双方的约定进行变更或放弃。虽然案例中托尼签署了自愿放弃缴纳社会保险的文件，但该约定违反国家关于社会保险的强制性法律规定，应属无效。在此情形下，如因用人单位未依法缴纳社保给劳动者造成损失，劳动者可以向社保机构投诉，并要求单位赔偿损失。

法律依据

《中华人民共和国社会保险法》

第五十八条第一款 用人单位应当自用工之日起三十日内为其职工向社会保

险经办机构申请办理社会保险登记。未办理社会保险登记的，由社会保险经办机构核定其应当缴纳的社会保险费。

第八十四条　用人单位不办理社会保险登记的，由社会保险行政部门责令限期改正；逾期不改正的，对用人单位处应缴社会保险费数额一倍以上三倍以下的罚款，对其直接负责的主管人员和其他直接责任人员处五百元以上三千元以下的罚款。

160. 经济补偿金怎样计算？

典型案例

高伟在某商场工作 10 年，月薪 15000 元。因实体商场经营连年亏损，公司准备关闭部分线下门店，并进行裁员。公司人事部门找到高伟时提出希望和高伟解除劳动合同，并支付 10 万元的经济补偿。高伟作为老员工理解公司的决定，但认为公司支付的经济补偿低于法定标准。

律师解析

经用人单位提出，与劳动者协商一致解除劳动合同的，用人单位应当向劳动者支付经济补偿金。经济补偿按照劳动者在本单位的工作年限计算，工作每满一年支付一个月工资，超过 6 个月不满一年的按一年计算，不满 6 个月的支付半个月工资。这里的工资是指劳动者的应得工资，即税前工资。如果劳动者的工资高于本地区上年度职工月平均工资的 3 倍，则向其支付经济补偿的标准按照职工月均工资的 3 倍计算，补偿年限不超过 12 年。

法律依据

《中华人民共和国劳动合同法》

第四十七条　经济补偿按劳动者在本单位工作的年限，每满一年支付一个月工资的标准向劳动者支付。六个月以上不满一年的，按一年计算；不满六个月的，向劳动者支付半个月工资的经济补偿。

劳动者月工资高于用人单位所在直辖市、设区的市级人民政府公布的本地区上年度职工月平均工资三倍的，向其支付经济补偿的标准按职工月平均工资三倍的数额支付，向其支付经济补偿的年限最高不超过十二年。

本条所称月工资是指劳动者在劳动合同解除或者终止前十二个月的平均工资。

161. 下班买菜途中发生交通事故是否属于工伤？

典型案例

常庆下班后顺路去家附近的超市买菜，采购齐全后骑车回家。在从超市出来过马路时，被一辆闯红灯的机动车撞倒受伤。常庆认为其在下班途中发生交通事故受伤应属于工伤，遂向单位提出认定工伤。但单位称其下班后没有直接回家，从超市回家的路上不属于下班途中，不配合进行工伤认定。

律师解析

职工在上下班途中，受到非本人主要责任的交通事故或者城市轨道交通、客运轮渡、火车事故伤害的应当认定为工伤。常庆下班后顺路去家附近的超市买菜，然后回家，没有在途中绕路进行其他活动。其到家附近的超市买菜，属于日常工作生活所需的活动，也处于下班的合理时间和合理路线上，属于法律规定的上下班途中，其对交通事故不承担责任，符合认定工伤的条件。如用人单位拒不配合工伤认定，常庆可在事故发生后一年内直接向单位所在地的社保行政部门申请认定工伤。

法律依据

《工伤保险条例》

第十四条　职工有下列情形之一的，应当认定为工伤：

（一）在工作时间和工作场所内，因工作原因受到事故伤害的；

（二）工作时间前后在工作场所内，从事与工作有关的预备性或者收尾性工作受到事故伤害的；

（三）在工作时间和工作场所内，因履行工作职责受到暴力等意外伤害的；

（四）患职业病的；

（五）因工外出期间，由于工作原因受到伤害或者发生事故下落不明的；

（六）在上下班途中，受到非本人主要责任的交通事故或者城市轨道交通、客运轮渡、火车事故伤害的；

（七）法律、行政法规规定应当认定为工伤的其他情形。

162. 劳动者迟到，单位可以罚款吗？

典型案例

王建国刚搬了新家，因对于通勤的交通状况还不太了解导致早上上班有几次迟到，跟领导解释后领导并没有深究。但次月发工资时，王建国发现工资比之前少了，便到人力资源部询问，被告知根据公司的考勤制度，每次迟到对其罚款100元。王建国认为自己早上迟到已向领导说明，也没有对工作造成影响，公司没有权利进行罚款。

律师解析

公司作为民事主体，并不具有处罚权，不能对员工进行罚款。但劳动者应当遵守用人单位的规章制度和劳动纪律，按时上下班，不能无故迟到或者早退。案例中的王建国上班多次迟到，根据公司的考勤制度，迟到超过一个小时则按缺勤半天或者事假处理。据此，公司在计算工资时扣除迟到期间的工资属于正常的用工管理，不违反法律规定，但使用罚款项目并不准确，可直接算作事假或者缺勤。

法律依据

《中华人民共和国劳动法》

第三条第二款 劳动者应当完成劳动任务，提高职业技能，执行劳动安全卫生规程，遵守劳动纪律和职业道德。

《最高人民法院关于审理劳动争议案件适用法律问题的解释（一）》

第五十条第一款 用人单位根据劳动合同法第四条规定，通过民主程序制定的规章制度，不违反国家法律、行政法规及政策规定，并已向劳动者公示的，可以作为确定双方权利义务的依据。

163. 劳动者可以同时在两个单位工作吗?

典型案例

魏晨是某建筑公司的设计师，工作不算太忙，便又和另外一家设计公司签订合同，兼职为该公司画设计图。魏晨白天在建筑公司上班，晚上为完成另一份工作经常熬夜，精神状态很不好。魏晨因白天工作注意力不集中，在设计图中出现低级错误，客户看到后非常气愤，与该建筑公司解约。建筑公司认为魏晨经验丰富，不该出现低级错误，在谈话中得知其是因兼职影响本职工作，后经公司决定将魏晨开除。魏晨申请劳动仲裁要求建筑公司支付经济补偿金，但未获支持。

律师解析

我国现行法律并不禁止劳动者与两个以上的用人单位建立劳动关系，劳动者在工作之余额外兼职，还可以获得更多的报酬。但是，劳动者与其他用人单位建立劳动关系的，不能够对本职工作造成影响。如果兼职对本职工作造成严重影响，如案例中魏晨因工作失误给公司造成较大损失，或者是在用人单位提出劳动者不能够做兼职、干副业后，劳动者不予理睬的，用人单位可以依法与其解除劳动合同，无须支付经济补偿。同时，若劳动者因兼职给用人单位造成损失的，用人单位还可以要求劳动者兼职所在单位承担连带赔偿责任。

法律依据

《中华人民共和国劳动合同法》

第三十九条　劳动者有下列情形之一的，用人单位可以解除劳动合同：

（一）在试用期间被证明不符合录用条件的；

（二）严重违反用人单位的规章制度的；

（三）严重失职，营私舞弊，给用人单位造成重大损害的；

（四）劳动者同时与其他用人单位建立劳动关系，对完成本单位的工作任务造成严重影响，或者经用人单位提出，拒不改正的；

（五）因本法第二十六条第一款第一项规定的情形致使劳动合同无效的；

（六）被依法追究刑事责任的。

第九十一条　用人单位招用与其他用人单位尚未解除或者终止劳动合同的劳动者，给其他用人单位造成损失的，应当承担连带赔偿责任。

164. 大学生假期打工被拖欠工资该怎么办？

典型案例

张帆是一名法学专业大二的学生，暑假期间到某餐饮店打工，跟老板约定的工资是每月 3000 元。因 9 月学校开学，张帆工作到 8 月底离职，离职时找老板结算工资，老板说等下月发工资时一起发。到 9 月底，张帆仍未收到工资，便和老板联系，可老板却拒绝支付工资。气愤之下张帆申请劳动仲裁，要求餐饮店支付工资，但仲裁委员会不予受理。

律师解析

用人单位与劳动者因履行劳动合同、辞职离职、劳动报酬等事项发生争议，可以申请劳动仲裁。而大学生利用假期打工相较于普通劳动者来说更加随意，其与用人单位之间是一种短暂的、临时性的劳务关系，而非劳动关系，故餐饮店拖欠张帆工资不属于劳动人事争议仲裁委员会应受理的劳动争议案件，因此发生争议的可直接到法院起诉。对在用人单位实习的应届毕业生来说，如已经与用人单位签订劳动合同，并且是全职工作，虽尚未毕业，在与用人单位之间符合劳动关系构成要件的情况下，也可以认定双方存在劳动关系。

法律依据

《关于贯彻执行〈中华人民共和国劳动法〉若干问题的意见》

12、在校生利用业余时间勤工助学，不视为就业，未建立劳动关系，可以不签订劳动合同。

《天津法院劳动争议案件审理指南》

8. 在校学生为完成学习任务到用人单位提供劳动的、双方不构成劳动关系或者劳务关系，在校学生为勤工俭学到用人单位提供劳动的，双方构成劳务关系。

《北京市高级人民法院、北京市劳动争议仲裁委员会关于劳动争议案件法律适用问题研讨会会议纪要（二）》

23、在校学生在用人单位进行实习，是否应认定劳动关系？

在校学生在用人单位进行实习，应当根据具体事实进行判断，对完成学校的社会实习安排或自行从事社会实践活动的实习，不认定劳动关系。但用人单位与在校学生之间名为实习，实为劳动关系的除外。

165. 员工工伤休养期间，用人单位需要支付工资吗？

典型案例

张恒是建筑公司的工人，在工作过程中被掉落的砖头砸伤，造成腿部骨折，后经相关部门认定为工伤。因腿部受伤无法活动，需在家休养，但休养期间公司未向其支付工资。张恒认为自己是工伤，用人单位应当支付工资，但建筑公司称因张恒在家休息没有提供劳动，按照规定公司只支付最低工资。

律师解析

劳动者因工作遭受事故伤害需要暂停工作接受治疗的，享受工伤医疗待遇。张恒因工伤在家休养期间仍在停工留薪期内，用人单位每月应按照其原来的工资福利待遇向其支付工资，公司只支付最低工资的做法不合法。工伤职工评定伤残后，用人单位可停发原待遇，职工享受工伤伤残待遇。如果用人单位拒绝按照正常工资足额支付，劳动者可通过劳动仲裁等途径维权。

法律依据

《工伤保险条例》

第三十三条　职工因工作遭受事故伤害或者患职业病需要暂停工作接受工伤医疗的，在停工留薪期内，原工资福利待遇不变，由所在单位按月支付。

停工留薪期一般不超过12个月。伤情严重或者情况特殊，经设区的市级劳动能力鉴定委员会确认，可以适当延长，但延长不得超过12个月。工伤职工评定伤残等级后，停发原待遇，按照本章的有关规定享受伤残待遇。工伤职工在停工留薪期满后仍需治疗的，继续享受工伤医疗待遇。

生活不能自理的工伤职工在停工留薪期需要护理的，由所在单位负责。

166. 用人单位未交社保，员工受工伤能否获得赔偿?

典型案例

范伟是某餐馆的厨师，工作过程中不慎打翻汤锅导致胳膊大面积烫伤，但餐馆没有给员工缴纳社保，导致范伟需自付医疗费。餐馆老板在支付了前期费用后就不再继续支付医疗费，范伟也无力支付后续费用，不得不停止治疗。

律师解析

职工因工作遭受事故伤害或者患职业病进行治疗，享受工伤医疗待遇，治疗工伤所需费用符合工伤保险药品目录和相关诊疗标准的，由工伤保险基金支付。用人单位应当依法为劳动者办理社会保险登记并缴纳社会保险费，如果因用人单位未依法为员工缴纳社保导致劳动者不能享受工伤保险待遇的，可以要求用人单位支付相关费用。

法律依据

《工伤保险条例》

第六十二条 用人单位依照本条例规定应当参加工伤保险而未参加的，由社会保险行政部门责令限期参加，补缴应当缴纳的工伤保险费，并自欠缴之日起，按日加收万分之五的滞纳金；逾期仍不缴纳的，处欠缴数额1倍以上3倍以下的罚款。

依照本条例规定应当参加工伤保险而未参加工伤保险的用人单位职工发生工伤的，由该用人单位按照本条例规定的工伤保险待遇项目和标准支付费用。

用人单位参加工伤保险并补缴应当缴纳的工伤保险费、滞纳金后，由工伤保险基金和用人单位依照本条例的规定支付新发生的费用。

167. 离职协议中约定的经济补偿低于法定标准，离职协议是否有效？

典型案例

郝建在公司工作 8 年，月薪 8000 元。今年公司因政府产业疏解要搬迁至外地，郝建不愿到外地工作，便提出与公司解除劳动合同，并要求公司按照法律规定向其支付 64000 元经济补偿金。后经双方协商一致，郝建于当月 10 日离职，公司向其支付全月工资，并额外支付 5 万元经济补偿，共计 5.8 万元，同时郝建承诺与公司不存在劳动争议，不再通过仲裁等方式维权。

律师解析

因用人单位搬迁导致工作地点变更，劳动者提出解除合同时可以要求用人单位支付经济补偿金。郝建工作 8 年，按照法律规定的每满一年支付一个月工资的标准计算，公司应向其支付 6.4 万元经济补偿金。但后来郝建和公司就离职补偿协商一致，由公司直接支付 5.8 万元，补偿数额虽略低于法定标准，但系双方的真实意思，不存在欺诈、胁迫等情形，离职协议应属有效。

法律依据

《最高人民法院关于审理劳动争议案件适用法律问题的解释（一）》

第三十五条 劳动者与用人单位就解除或者终止劳动合同办理相关手续、支付工资报酬、加班费、经济补偿或者赔偿金等达成的协议，不违反法律、行政法规的强制性规定，且不存在欺诈、胁迫或者乘人之危情形的，应当认定有效。

前款协议存在重大误解或者显失公平情形，当事人请求撤销的，人民法院应予支持。

《北京市高级人民法院、北京市劳动争议仲裁委员会关于劳动争议案件法律适用问题研讨会会议纪要（一）》

30、用人单位与劳动者就经济补偿金的给付标准自行达成的协议，如约定的给付标准低于法定标准，劳动者领取后，又在仲裁时效内主张权利，要求用人单位补足差额部分，应予以支持。但如果用人单位在协议中已明确告知劳动者相关法律或政策规定的标准，劳动者明确表示放弃权利，对其主张则不应予以支持。

第十篇　治安行政

168. 破坏、私占共享单车，违法吗？

典型案例

2019年4月1日下午，某公司门口，两女士下班时刚要打开被自己私自上了锁的共享单车，就被在附近的民警抓个正着。两女士承认确实私自占用共享单车，但没有搞破坏，却还是被派出所行政拘留5日。

2019年6月20日，沈阳市公安局铁西分局凌空派出所民警在巡逻过程中，发现赵某故意将停放在路边的共享单车砸坏，铁西警方依法对其处以行政拘留10日的治安处罚。

律师解析

对共享单车的持续破坏，首先，它是对财产的破坏，会对共享单车公司的财产造成一定的损失，加大其运营成本；其次，基于共享单车的公共性，它一定程度侵害了市民公共出行的权益，削弱了人们对公共财物的保护意识，起到不良效果。恶意毁坏或丢弃共享单车将涉嫌犯罪。如果故意毁坏单车估值超过5000元以上，将面临故意毁坏财物罪的指控，可判3年以下有期徒刑、拘役或处罚金。

法律依据

《中华人民共和国治安管理处罚法》

第四十九条　盗窃、诈骗、哄抢、抢夺、敲诈勒索或者故意损毁公私财物的，处五日以上十日以下拘留，可以并处五百元以下罚款；情节较重的，处十日以上十五日以下拘留，可以并处一千元以下罚款。

169. 分手后被前任骚扰怎么办?

典型案例

邹女士近段时间经常收到其前男友发送的有威胁、恐吓内容的骚扰短信，遂报警。接到报警后，派出所随即组织民警展开调查，并很快将发送骚扰短信的嫌疑人杨某抓获。经审查，嫌疑人杨某在得知其前女友邹女士重新交往了男朋友的消息后，心中很不舒服，遂采取发送短信的方式，先后向邹女士及其男友发送“你们别想好”“早晚弄死你们”“你们死期快到了”等含有威胁、恐吓内容的短信多条。据此，经报请县公安局批准，该派出所依法对其作出行政拘留 5 日的处罚决定。

律师解析

谈恋爱分手是很正常的事，但一些人会放不下，纠缠对方，更看不得对方交往新朋友，继而做出一些过分、骚扰的行为。案例中的杨某频频对其前女友发出威胁信息，造成前女友恐慌以至于不得不报警来保护自己的人身安全。最后，杨某也须接受派出所的处罚。

法律依据

《中华人民共和国治安管理处罚法》

第四十二条 有下列行为之一的，处五日以下拘留或者五百元以下罚款；情节较重的，处五日以上十日以下拘留，可以并处五百元以下罚款：

（一）写恐吓信或者以其他方法威胁他人人身安全的；

（二）公然侮辱他人或者捏造事实诽谤他人的；

（三）捏造事实诬告陷害他人，企图使他人受到刑事追究或者受到治安管理处罚的；

（四）对证人及其近亲属进行威胁、侮辱、殴打或者打击报复的；

（五）多次发送淫秽、侮辱、恐吓或者其他信息，干扰他人正常生活的；

（六）偷窥、偷拍、窃听、散布他人隐私的。

170. 精神病人打伤人，需要承担责任吗？

典型案例

陈大爷家的儿子小陈有间歇性精神病，拿着低保，长期在家里靠父母供养着。由于从小娇生惯养，小陈脾气很不好，对人稍有不满就动手打人，街坊邻居都不敢招惹他。有一天，小陈去商店买东西，因不肯付钱遭到商店收银员讨要，小陈把服务员打伤。警察处理案件时要处罚他，而他声称自己有精神病不能处罚。那么，精神病人打人，到底能不能被处罚？

律师解析

精神病人在正常的时候违法犯罪应该承担责任，而间歇性的精神病人在没有犯病的时候视为正常人，做了违法的事也是要依法被追究责任的。案例中的小陈显然是在正常状态下，其白吃白喝还动手打人，应该受到法律的制裁。另外，精神病人造成他人人身财产损害的，由其监护人承担民事赔偿责任。

法律依据

《中华人民共和国治安管理处罚法》

第十三条　精神病人在不能辨认或者不能控制自己行为的时候违反治安管理的，不予处罚，但是应当责令其监护人严加看管和治疗。间歇性的精神病人在精神正常的时候违反治安管理的，应当给予处罚。

171. 不满治安管理处罚，当事人怎样寻求救济？

典型案例

粟某到区政府办公机构找领导反映问题，期间多次拦截办事处领导，粟某还闯入正在开会的办公室，被办公室工作人员拉出，后躺在区政府会议室的会议桌上。经多人劝说，粟某拒不离开，直到当日晚6时许在得到100元现金后才离开。因其严重扰乱工作秩序，工作人员报警。公安机关认为，粟某扰乱区政府正常办公秩序，遂决定给予粟某行政拘留10日的处罚。粟某对该决定不服，向上一级公安机关申请复议。

律师解析

公民对行政机关作出的警告、罚款、没收违法所得、没收非法财物、责令停产停业、暂扣或者吊销许可证、暂扣或者吊销执照、行政拘留等行政处罚决定不服的，公民、法人或者其他组织可以依法申请行政复议。本案中，粟某可以向作出行政处罚决定的上一级机关即当地公安机关的上一级公安部门提出复议申请，也可以向该公安机关所在地的基层法院提起行政诉讼。

法律依据

《中华人民共和国治安管理处罚法》

第一百零二条 被处罚人对治安管理处罚决定不服的，可以依法申请行政复议或者提起行政诉讼。

172. 警察当场收缴罚款 2000 元合法吗?

典型案例

警察刘某和杨某接到举报，突袭一家足疗保健店，发现王某和几个人在打牌，桌子上有钱包和一些钱，认定属于聚众赌博。鉴于大家“认罪”态度好，遂决定只当场对每个人作出罚款 2000 元的治安管理处罚。在当事人没有异议的情况下，当场对其收缴了罚款。请问，警察可以当场收缴罚款吗?

律师解析

警察的处罚不当。根据相关法律的规定，受到罚款处罚的人应该在法定的期限内向指定的银行缴纳罚款，但是在某些情况下，也可以直接收缴罚款。具体的情况是：50 元以下的罚款，可以由警察当场作出处罚决定。在警察当场作出罚款决定，被处罚人对罚款无异议的情况下，警察就可以在作出罚款决定后当场进行收缴。本案中，警察的处罚明显过高，不应该当场收缴超过 50 元以上的罚款。

法律依据

《中华人民共和国治安管理处罚法》

第一百零四条　受到罚款处罚的人应当自收到处罚决定书之日起十五日内，到指定的银行缴纳罚款。但是，有下列情形之一的，人民警察可以当场收缴罚款：

（一）被处五十元以下罚款，被处罚人对罚款无异议的；

（二）在边远、水上、交通不便地区，公安机关及其人民警察依照本法的规定作出罚款决定后，被处罚人向指定的银行缴纳罚款确有困难，经被处罚人提出的；

（三）被处罚人在当地没有固定住所，不当场收缴事后难以执行的。

173. 开“斗气车”引发纠纷，公安机关能否扣押车辆？

典型案例

2019 年 4 月份的一天，在某村道上，26 岁小伙宋某驾小轿车由南向北行驶，因道路较窄，宋某超车未果鸣笛。再次强行超车未果后，宋某再次鸣笛，前方 32 岁男子丁某驾车让道。之后，两人发生口角继而大打出手。两人伤势不严重，康复出院。后双方因医疗费赔偿再次发生纠纷，民警多次调解后，仍相互置气。5 月 24 日，公安分局依法作出决定：对宋某给予行政拘留 10 日和治安处罚 500 元，对丁某予以行政拘留 7 日和治安处罚 300 元，同时将宋某和丁某的车都扣押。那么，公安机关的做法合法吗？

律师解析

公安机关不应该扣押宋某和丁某的车。宋某和丁某持有的家庭轿车与本案所认定的打架斗殴行为没有直接的利害关系，况且双方并非非法营运，故该车与本案无关，所以公安机关不应该扣押车辆。

法律依据

《中华人民共和国治安管理处罚法》

第八十九条 公安机关办理治安案件，对与案件有关的需要作为证据的物品，可以扣押；对被侵害人或者善意第三人合法占有的财产，不得扣押，应当予以登记。对与案件无关的物品，不得扣押。

对扣押的物品，应当会同在场见证人和被扣押物品持有人查点清楚，当场开列清单一式二份，由调查人员、见证人和持有人签名或者盖章，一份交给持有人，另一份附卷备查。

对扣押的物品，应当妥善保管，不得挪作他用；对不宜长期保存的物品，按照有关规定处理。经查明与案件无关的，应当及时退还；经核实属于他人合法财产的，应当登记后立即退还；满六个月无人对该财产主张权利或者无法查清权利人的，应当公开拍卖或者按照国家有关规定处理，所得款项上缴国库。

174. 行政拘留可以暂缓执行吗？

典型案例

丁某为了挣点外快，在夜市兜售音像用品，其中有黄色淫秽制品。一次，丁某正在给顾客介绍黄碟，双方在讨价还价时被公安机关当场查获。公安局依据上述查明的事实，作出公安行政处罚决定，给予丁某拘留 5 日，并处罚金人民币 500 元的处罚。丁某不服，遂向上一级公安机关申请复议。复议期间，丁某以“身体有病”为由提出暂缓执行行政拘留的申请，这个程序对吗？

律师解析

丁某因为涉嫌买卖淫秽物品，对公安机关作出的行政拘留 5 日并罚款的决定不服，依法有权提出行政复议。其在复议期间，也同样享有申请暂缓执行行政拘留的权利，但要有合法的理由并提交证据，比如身体有病，就应该附带申请一并提交就诊记录等确实需要休息的证据。同时，公安机关可以要求其提供保证人或者缴纳一定数额的保证金。

法律依据

《中华人民共和国治安管理处罚法》

第一百零七条　被处罚人不服行政拘留处罚决定，申请行政复议、提起行政诉讼的，可以向公安机关提出暂缓执行行政拘留的申请。公安机关认为暂缓执行行政拘留不致发生社会危险的，由被处罚人或者其近亲属提出符合本法第一百零八条规定条件的担保人，或者按每日行政拘留二百元的标准交纳保证金，行政拘留的处罚决定暂缓执行。

175. 治安案件的当事人能否和解?

典型案例

张某家宅基地房屋装修，在施工过程中遭到邻居阻止，理由是没有经过其同意，装修过程中造成的噪音灰尘等严重干扰了其家人正常生活和休息。张某和施工队有合同，担心拖延不能如期交工要承担违约金，就没有理睬邻居的劝告，依旧进行施工。邻居觉得没有面子，遂召集家人找张某理论，双方由争吵演变成动手，互相厮打起来，双方人员都有受伤。街坊们将其拉开并报警。经过司法鉴定，受伤人员都是轻微伤。双方受伤人员分别就医治疗，各自发生医疗费数钱。后来在邻居和村委会的调解下，双方达成和解，共同到派出所认错，派出所对其免于处罚。

律师解析

违反治安管理案件的当事人可以进行调解。调解是我国长期以来解决纠纷的一种行之有效的方法。公安机关处理违反治安管理的案件，也可以进行调解。公安机关可以调解处理的治安案件的范围，是因民间纠纷引起的打架斗殴、损毁他人财物等违反治安管理行为的情节较轻的案件。本案中，双方是邻居，因小事引起纠纷，且伤情都不重，应该以调解为宜，也利于以后邻里间的和谐相处。

法律依据

《中华人民共和国治安管理处罚法》

第九条 对于因民间纠纷引起的打架斗殴或者损毁他人财物等违反治安管理行为，情节较轻的，公安机关可以调解处理。经公安机关调解，当事人达成协议的，不予处罚。经调解未达成协议或者达成协议后不履行的，公安机关应当依照本法的规定对违反治安管理行为人给予处罚，并告知当事人可以就民事争议依法向人民法院提起民事诉讼。

176. 公安机关接到报案后应该在多长时间内受理？

典型案例

李某在自家临街开着小商店，商店里有不少货品，每天清早，他都会起早进店盘点货物。这一天早上，他照例开门点货，可开门后发现货品被盗，货架商品散落一地，就立即打电话报警。可是，值班的民警说："这才早上 6 点啊，还不到 8 点呢，你 8 点后再打吧。"就挂断了电话。李某很生气，虽然很着急但也无可奈何，只好等到 8 点以后警察上班后再继续打电话。为了保护现场，他不敢动，等了两小时才等到警察上门。派出所值班民警的做法符合法律规定吗？

律师解析

警察的做法是违法的。我国《治安管理处罚法》规定，公安机关对报案、控告、举报或者违法行为人主动投案，以及其他行政部门、司法机关移送的治安管理案件，应当及时受理并进行登记。本案中，对于失窃人李某的报案，公安局值班民警应当依法立即受理并及时登记，及时出警，而不能以"没到上班时间"为借口加以推托。

法律依据

《中华人民共和国治安管理处罚法》

第七十七条　公安机关对报案、控告、举报或者违反治安管理行为人主动投案，以及其他行政主管部门、司法机关移送的违反治安管理案件，应当及时受理，并进行登记。

第七十八条　公安机关受理报案、控告、举报、投案后，认为属于违反治安管理行为的，应当立即进行调查；认为不属于违反治安管理行为的，应当告知报案人、控告人、举报人、投案人，并说明理由。

177. 派出所可以作出行政拘留决定吗？

典型案例

蒲女士经营的洗浴场所在正常营业时，突遭当地派出所民警检查，民警不顾蒲女士的解释强行将其带至派出所，并对其进行严格的“审讯”，逼迫蒲女士“老实交代”，理由是收到举报，蒲女士涉嫌容留卖淫。蒲女士很害怕，也没有看清楚笔录，就按照民警要求在笔录上签字。随后，派出所的警察出具了一份《治安管理处罚决定书》，以涉嫌容留卖淫为由拘留蒲女士15天，并罚款2000元。那么，派出所民警的行为是合法的吗？

律师解析

民警的行为不合法。公安派出所是公安机关的派出机构，被派出机构不是独立的行政主体，除非法律授权，否则不能以自己的名义作出拘留决定。根据法律规定，派出所尽管也可以作出行政处罚，但只能是警告，或者500元以下的罚款，其并没有权力作出拘留的决定，否则就是越权。其他的行政处罚由县级以上的公安机关作出。

本案中，拘留5天和罚款2000元的行政处罚，显然已经超出了派出所的职权范围，该处罚是派出所越权作出的，应属无效。

法律依据

《中华人民共和国治安管理处罚法》

第九十一条 治安管理处罚由县级以上人民政府公安机关决定；其中警告、五百元以下的罚款可以由公安派出所决定。

178. 公安局有权吊销营业执照吗?

典型案例

小张到街边小超市买烟，发现该小超市出售的香烟不仅价格高，还劣质，怀疑是假烟，遂向公安机关举报。公安分局经突击检查发现情况属实，小超市确实出售假烟假酒，于是对该超市老板处以拘留 10 日、罚款 2000 元并作出吊销该超市营业执照的行政处罚。超市老板对拘留和罚款没有异议，但是对收缴该超市营业执照并予以吊销不服，认为公安分局无权吊销其营业执照。本案中，公安分局有权吊销超市的营业执照吗?

律师解析

公安分局吊销营业执照的做法是不合法的。本案中，公安分局对超市所作的拘留和罚款的处罚是合法的，但对于吊销该超市营业执照的处罚是违法的。公安机关只能吊销由公安机关发放的许可证，而营业执照一般是由工商行政部门发放的，应该由发证的工商局执行吊销的程序，公安机关无权吊销，只能向工商管理部门反应情况，具体是否作出吊销决定，由工商管理部门决定。

法律依据

《中华人民共和国治安管理处罚法》

第十条 治安管理处罚的种类分为：

（一）警告；

（二）罚款；

（三）行政拘留；

（四）吊销公安机关发放的许可证。

对违反治安管理的外国人，可以附加适用限期出境或者驱逐出境。

179. 市场监督管理局可以对当事人行政拘留吗?

典型案例

石某夫妻在家门口卖水果蔬菜。工商局工作人员到现场执法检查，认为夫妻俩属于无照经营，所售的水果蔬菜没有质量检验证明，担心有质量问题，强行将水果收缴并要求石某夫妻停止经营。为此，双方发生争执，互相撕扯。工商局的工作人员随即强行将两人扭送到市场管理办公室，将其关押，扣留时间长达几个小时。工商局工作人员的行为违法吗?

律师解析

工商局工作人员的行为是违法的。根据《治安管理处罚法》的规定，只有公安机关才有剥夺或限制他人人身自由的处罚权和强制权。除公安机关外，其他任何机关、组织和个人都无权限制和剥夺公民的人身自由。本案中，工商局的工作人员强行限制石某夫妻二人人身自由的行为是严重侵犯公民人身权利的行为，应当立即停止侵害，并且要针对此行为给二人造成的损害给予相应的赔偿。

法律依据

《中华人民共和国治安管理处罚法》

第九十一条 治安管理处罚由县级以上人民政府公安机关决定；其中警告、五百元以下的罚款可以由公安派出所决定。

第十条 治安管理处罚的种类分为：

（一）警告；

（二）罚款；

（三）行政拘留；

（四）吊销公安机关发放的许可证。

对违反治安管理的外国人，可以附加适用限期出境或者驱逐出境。

180. 办案民警与当事人是亲戚该怎么办?

典型案例

刘某与杨某系多年未见的好友。二人相约聚餐，喝酒时，两人发生争吵，继而互相厮打，在众人强行劝阻下得以罢休，但双方均有受伤。饭店报警后，两个人均被带到派出所接受讯问并做笔录。经过鉴定，杨某被鉴定为轻伤，公安机关办案民警决定拘留刘某。后刘某经担保人担保，被取保候审。杨某通过朋友了解到办案民警是刘某的亲戚，非常担心自己的案子被“大事化小”，申请该办案民警回避。那么，杨某的要求合理吗?

律师解析

杨某有权依法申请刘某的亲戚回避。回避指司法人员因与案件或案件当事人有某种特殊关系而不得办理该案件。其目的是防止徇私舞弊或发生偏见，以有利于案件的公正办理。回避制度也能保证治安处罚案件的公正性。本案中，由于办案警察是刘某的亲戚，由他办理案件，势必会有不公正的嫌疑，因此杨某有权要求其回避。

法律依据

《中华人民共和国治安管理处罚法》

第八十一条　人民警察在办理治安案件过程中，遇有下列情形之一的，应当回避；违反治安管理行为人、被侵害人或者其法定代理人也有权要求他们回避：

（一）是本案当事人或者当事人的近亲属的；

（二）本人或者其近亲属与本案有利害关系的；

（三）与本案当事人有其他关系，可能影响案件公正处理的。

人民警察的回避，由其所属的公安机关决定；公安机关负责人的回避，由上一级公安机关决定。

181. 对于打架案件，公安机关可以调解处理吗？

典型案例

某公司组织集体团建活动外出游玩。同事李某与王某同时喜欢着女同事刘某。吃饭的时候，李某见王某紧挨着心上人刘某，心有不快，几杯酒下肚，两人便借故较起劲来，互相讽刺、挖苦、指责，甚至动手打起来。在拉扯中，李某将王某的衣服扯坏。同事们担心双方继续厮打，就报警了。到了派出所，双方酒醒后，都有些后悔。在警方调解下，双方达成协议，李某愿意按价赔偿王某损坏的衣物。对此类治安案件，警察可以进行调解吗？

律师解析

对于这种普通的治安案件，警察是可以进行调解的。调解制度是我国民事诉讼、刑事自诉和赔偿诉讼中的特有制度，是在充分尊重当事人自愿的前提下进行的调解。本案中，李某虽扯坏了王某的衣服，造成了一定的财产损失，但其愿意赔偿，且情节比较轻微，公安机关在尊重双方意愿的情况下，可以进行调解，达成调解协议。但是，如果双方不愿意调解或不履行调解协议，公安机关则应依法分别对其作出行政处罚。

法律依据

《中华人民共和国治安管理处罚法》

第九条 对于因民间纠纷引起的打架斗殴或者损毁他人财物等违反治安管理行为，情节较轻的，公安机关可以调解处理。经公安机关调解，当事人达成协议的，不予处罚。经调解未达成协议或者达成协议后不履行的，公安机关应当依照本法的规定对违反治安管理行为人给予处罚，并告知当事人可以就民事争议依法向人民法院提起民事诉讼。

182. 治安案件哪些情形可以减轻处罚？

典型案例

向某夜晚开车回所住小区，由于小区路灯比较昏暗且自己是新司机，将相邻车位邻居的车刮伤，然后离开。第二天，邻居通过查看视频监控发现是向某所为，于是找向某质问。向某起初不承认，待警察让其看监控录像时，才对自己的行为懊悔不已，遂当即向邻居道歉，并表示愿意赔偿邻居修车的费用。当地公安机关在作出行政处罚决定时，认为向某在事发之后，主动向邻居道歉并给予了赔偿，属于法定的减轻处罚或免除处罚的情节，所以决定对其免除处罚。

律师解析

我国《治安管理处罚法》规定了减轻处罚和不予处罚的情形，主要是考虑到行为人的行为特征、行为后果、社会危害等客观因素。主要情形有：一是情节特别轻微的。这里规定的“情节特别轻微的”，主要是指违反治安管理的行为没有造成危害后果或者危害后果很轻微等情况；二是主动消除或者减轻违法后果，并取得被侵害人谅解的。本案中，向某因路灯昏暗，且当时自己不知情，也并非故意对邻居造成损失，事后也获得邻居谅解，因此，可以对其减轻或免除处罚。

法律依据

《中华人民共和国治安管理处罚法》

第十九条 违反治安管理有下列情形之一的，减轻处罚或者不予处罚：

（一）情节特别轻微的；

（二）主动消除或者减轻违法后果，并取得被侵害人谅解的；

（三）出于他人胁迫或者诱骗的；

（四）主动投案，向公安机关如实陈述自己的违法行为的；

（五）有立功表现的。

183. 能否随便拨打免费报警电话？

典型案例

高某，男，26岁，目前失业在家。一起，高某因感到无聊拨打110报警电话，称村里有人打架，动刀子要出人命，等警察来了以后并没有见到人，向高某了解情况，高某谎称人已经都跑了。经派出所出警民警调查核实，高某所报警情系假警，且其曾多次拨打110报警电话，报警内容多为虚构有人打架、有人偷盗等虚假警情。不久，高某被依法传唤到公安机关。面对公安机关提出的证据，高某对自己多次恶意报警、扰警的违法行为供认不讳。警方对高某依法作出行政拘留10日的治安处罚。

律师解析

恶意拨打免费报警电话，不仅严重影响司法机关报警服务工作的正常开展，而且会长时间占用报警线路，导致真正需要报警求助的电话打不进来，延误紧急警情受理。对拨打“110”“119”“120”等报假警或滋扰司法机关工作秩序等行为，公安机关将按照有关法律规定，依法严肃处理，对构成犯罪的，依法追究其刑事责任。

法律依据

《中华人民共和国治安管理处罚法》

第二十五条　有下列行为之一的，处五日以上十日以下拘留，可以并处五百元以下罚款；情节较轻的，处五日以下拘留或者五百元以下罚款：

（一）散布谣言，谎报险情、疫情、警情或者以其他方法故意扰乱公共秩序的；

（二）投放虚假的爆炸性、毒害性、放射性、腐蚀性物质或者传染病病原体等危险物质扰乱公共秩序的；

（三）扬言实施放火、爆炸、投放危险物质扰乱公共秩序的。

第二十六条　有下列行为之一的，处五日以上十日以下拘留，可以并处五百元以下罚款；情节较重的，处十日以上十五日以下拘留，可以并处一千元以下罚款：

（一）结伙斗殴的；

（二）追逐、拦截他人的；

（三）强拿硬要或者任意损毁、占用公私财物的；

（四）其他寻衅滋事行为。

第十一篇　刑事犯罪

184. 未成年犯罪案件公开审理吗？

典型案例

未成年人李某涉嫌强奸一案被媒体披露。该案件开庭审理前夕，其母亲向法院书面申请公开审理，但是被法院当场驳回，为什么？

律师解析

法院的做法是正确的。虽然李某的母亲作为监护人同意公开审理，但该申请违反了《刑事诉讼法》第一百八十八条、第二百八十五条，《未成年人保护法》第五十八条，以及《最高人民法院关于适用〈中华人民共和国刑法诉讼法〉的解释》第四百六十七条第一款有关涉及个人隐私、未成年人的案件不公开审理的规定，故被法院依法当场驳回。

法律依据

《中华人民共和国刑事诉讼法》

第二百八十五条　审判的时候被告人不满十八周岁的案件，不公开审理。但是，经未成年被告人及其法定代理人同意，未成年被告人所在学校和未成年人保护组织可以派代表到场。

《最高人民法院关于适用〈中华人民共和国刑事诉讼法〉的解释》

第四百六十九条　审理未成年人刑事案件，不得向外界披露该未成年人的姓名、住所、照片以及可能推断出该未成年人身份的其他资料。

查阅、摘抄、复制的未成年人刑事案件的案卷材料，不得公开和传播。

被害人是未成年人的刑事案件，适用前两款的规定。

185. 怀孕的犯罪嫌疑人需要坐牢吗？

典型案例

宋女士因为与同事有矛盾，将对方打成重伤，因涉嫌故意伤害被起诉并被判有期徒刑五年。但宋女士经检查证实怀孕，后被监外执行，却遭到受害人及其家属抗议和投诉，坚决要求将其恢复收监。那么，怀孕的妇女需要坐牢吗？可以被监外执行吗？

律师解析

根据法律规定，怀孕或者正在哺乳自己婴儿的妇女可以暂予监外执行。但这也要分具体情况，法律规定是“可以”，不是应该或必须，这就要求暂予监外执行是有条件的，是要区分案情的。如果刑期不重，社会危害性不大，经过审核，是可以暂予监外执行的。且暂予只是暂时，一旦恢复到合适条件，还是要收监的，罪犯并不能因此逃避法律的处罚。

法律依据

《中华人民共和国刑事诉讼法》

第二百六十五条第一款　对被判处有期徒刑或者拘役的罪犯，有下列情形之一的，可以暂予监外执行：

（一）有严重疾病需要保外就医的；

（二）怀孕或者正在哺乳自己婴儿的妇女；

（三）生活不能自理，适用暂予监外执行不致危害社会的。

186. 买卖玩具枪违法吗?

典型案例

李某在山东某市经营着一家玩具店，进口了一批小孩玩的塑料仿真枪。2019年，警方查获了他店里的一批玩具枪，其中的15支被鉴定为枪支。而提货单显示，这批仿真枪是从某玩具批发商景某那里购得的。此后，景某和李某兰因非法买卖枪支罪都被判处10年有期徒刑。

律师解析

玩具枪有很多种，买卖小朋友玩的、没有任何杀伤力的玩具枪，也有可能构成犯罪。根据法律相关的规定，枪支的构成要件是：（1）所发射金属弹丸或其他物质的枪口比动能小于1.8焦耳/平方厘米(不含本数)、大于0.16焦耳/平方厘米(不含本数)的；（2）具备枪支外形特征，并且具有与制式枪支材质和功能相似的枪管、枪机、机匣或者击发等机构之一的；（3）外形、颜色与制式枪支相同或者近似，并且外形长度尺寸介于相应制式枪支全枪长度尺寸的二分之一与一倍之间的。一把枪到底算作真枪还是仿真枪，杀伤力是关键，临界值就是这个1.8焦耳/平方厘米。比如，100米以内能够打穿1厘米厚木板的可认定是仿真枪。

法律依据

《公安机关涉案枪支弹药性能鉴定工作规定》

三、鉴定标准

……

（三）对不能发射制式弹药的非制式枪支，按照《枪支致伤力的法庭科学鉴定判据》（GA/T 718-2007）的规定，当所发射弹丸的枪口比动能大于等于1.8焦耳/平方厘米时，一律认定为枪支。

《仿真枪认定标准》

一、凡符合以下条件之一的，可以认定为仿真枪：

1、符合《中华人民共和国枪支管理法》规定的枪支构成要件，所发射金属弹丸或其他物质的枪口比动能小于1.8焦耳/平方厘米（不含本数）、大于0.16焦耳/平方厘米（不含本数）的；

……

187. 与未成年人自愿开房违法吗?

典型案例

初中女生李某在网上认识了20岁的男网友鲍某，对鲍某产生了好感。接触一段时间后，鲍某约李某见面并经其同意开房同居了3天，后被女孩父母报警。事后，鲍某才知道，李某还不满14周岁。鲍某被警方刑事拘留。最后，法院对此案作出一审判决，鲍某犯强奸罪，判处有期徒刑5年。

律师解析

我国法律明确规定，奸淫不满14周岁的幼女的，以强奸论，从重处罚。虽然李某和鲍某是正常的“网恋”，双方你情我愿，自愿发生性关系，可是鲍某的行为已经触犯了法律，违反了法律的禁止性规定，鲍某应当受到法律的处罚。可见，国家和社会应该高度重视青少年的普法教育，在保护未成年人利益的同时，也可以减少青少年的犯罪率。本书提醒网友们交友需谨慎，千万不要约会未成年人开房。

法律依据

《中华人民共和国刑法》

第二百三十六条　以暴力、胁迫或者其他手段强奸妇女的，处三年以上十年以下有期徒刑。

奸淫不满十四周岁的幼女的，以强奸论，从重处罚。

强奸妇女、奸淫幼女，有下列情形之一的，处十年以上有期徒刑、无期徒刑或者死刑：

（一）强奸妇女、奸淫幼女情节恶劣的；

（二）强奸妇女、奸淫幼女多人的；

（三）在公共场所当众强奸妇女、奸淫幼女的；

（四）二人以上轮奸的；

（五）奸淫不满十周岁的幼女或者造成幼女伤害的；

（六）致使被害人重伤、死亡或者造成其他严重后果的。

188. 未成年人犯罪会判刑吗？

典型案例

王某刚过完15岁生日，读高中一年级，与同学和社会青年组建“狼王帮”，并制定帮内规则：有福同享、有难同当，帮派中谁有事，成员都要两肋插刀，挺身相助。一天，王某与同学杨某发生冲突吃了亏，遂纠集了“狼王帮”的几个成员，在放学后对杨某进行围殴，致使杨某重伤身亡。公安机关将所有嫌疑人拘捕归案。本案中，王某尚未满16周岁，要承担刑事责任吗？

律师解析

王某应当承担刑事责任。一般情况下，未满16周岁的人犯罪，不负刑事责任。但是法律规定，对于已满14周岁不满16周岁的人犯罪，在其犯故意杀人、故意伤害致人重伤或者死亡、强奸、抢劫、贩卖毒品、放火、爆炸、投毒罪时，应当追究其刑事责任。本案中，王某所犯之罪是故意伤害致人死亡罪，所以，依法应当追究其刑事责任。

法律依据

《中华人民共和国刑法》

第十七条 已满十六周岁的人犯罪，应当负刑事责任。

已满十四周岁不满十六周岁的人，犯故意杀人、故意伤害致人重伤或者死亡、强奸、抢劫、贩卖毒品、放火、爆炸、投放危险物质罪的，应当负刑事责任。

已满十二周岁不满十四周岁的人，犯故意杀人、故意伤害罪，致人死亡或者以特别残忍手段致人重伤造成严重残疾，情节恶劣，经最高人民检察院核准追诉的，应当负刑事责任。

对依照前三款规定追究刑事责任的不满十八周岁的人，应当从轻或者减轻处罚。

因不满十六周岁不予刑事处罚的，责令其父母或者其他监护人加以管教；在必要的时候，依法进行专门矫治教育。

189. 犯罪后跑路 30 年还会被追究刑事责任吗?

典型案例

高某与同事王某因积怨已久发生争吵，继而发生互殴，高某拿起水果刀向王某腹部狠狠地扎了进去，王某应声倒地不省人事。高某非常害怕，便跑路了，不知其踪。王某经过抢救脱离危险，但是留下残疾，经鉴定为五级残疾。那么，高某的犯罪行为会因时间问题而不被追究吗?

律师解析

犯罪行为的追究是有时效限制的，我们称为追诉时效。简单地说，就是犯罪嫌疑人在实施犯罪之后逃跑了，经过一段时间后，就不会被追究刑事责任了。追诉时效的时间是不一定的，但是最多为 20 年。对于本案而言，犯罪嫌疑人李某所犯之罪有可能被判处 3~7 年有期徒刑，追诉时效为 10 年。也就是说，如无其他特殊情况，犯罪 20 年后可以不再追究刘某的刑事责任。

法律依据

《中华人民共和国刑法》

第八十七条 犯罪经过下列期限不再追诉：

（一）法定最高刑为不满五年有期徒刑的，经过五年；

（二）法定最高刑为五年以上不满十年有期徒刑的，经过十年；

（三）法定最高刑为十年以上有期徒刑的，经过十五年；

（四）法定最高刑为无期徒刑、死刑的，经过二十年。如果二十年以后认为必须追诉的，须报请最高人民检察院核准。

190. 教唆小学生偷手机犯什么法?

典型案例

李某平时通过威胁恐吓、威逼利诱的方式聚集了一群十多岁的孩子跟随李某从事盗窃、抢劫等犯罪活动。一天，李某让一个不满 16 岁的孩子丁某去偷手机，丁某成功偷得一部价值 8000 元的手机。随后失主报警，李某和丁某均被警方抓获，教唆丁某盗窃的李某要承担责任吗？

律师解析

李某教唆丁某犯罪，应当承担刑事责任。《刑法》规定，教唆犯中有一种特殊情况，是教唆未达到刑事责任年龄或者没有刑事责任能力的人（例如未成年人和精神病人）犯罪的，属于间接正犯，实际上就是正犯。本案中，李某教唆不满 18 周岁的未成年人丁某犯罪，应被认定为间接正犯，从重处罚。

法律依据

《中华人民共和国刑法》

第二十九条 教唆他人犯罪的，应当按照他在共同犯罪中所起的作用处罚。教唆不满十八周岁的人犯罪的，应当从重处罚。

如果被教唆的人没有犯被教唆的罪，对于教唆犯，可以从轻或者减轻处罚。

191. 绑架自己向父母索要赎金犯法吗？

典型案例

魏某被公司辞退后无收入，欠了十多万的信用卡。介于还款压力，魏某有了绑架自己来向其父母索要赎金的想法。于是，魏某找来兄弟张某谋划绑架计划，并答应给张某2万，张某答应了。之后，张某假装“黑社会”连续打电话给魏某的父亲，声称其子魏某被他们绑架，要其拿钱赎人，否则就撕票。魏某的父亲信以为真，非常担心儿子的安危，紧急筹集了11万元的赎金到约定的交易地点，把钱交给了张某。后魏某父亲报警，魏某与张某被刑拘。那么魏某的行为构成犯罪吗？

律师解析

魏某及张某构成敲诈勒索罪。本案中，魏某伙同他人，骗取自己父母的钱，整个过程中，不存在限制人身自由的事实。但二人以魏某的性命要挟，骗取魏某父母钱财的事实存在，在主观上构成了故意，客观上已经取得钱财，犯罪已经既遂。所以，魏某和张某均应被认定构成敲诈勒索罪。

法律依据

《中华人民共和国刑法》

第二百七十四条 敲诈勒索公私财物，数额较大或者多次敲诈勒索的，处三年以下有期徒刑、拘役或者管制，并处或者单处罚金；数额巨大或者有其他严重情节的，处三年以上十年以下有期徒刑，并处罚金；数额特别巨大或者有其他特别严重情节的，处十年以上有期徒刑，并处罚金。

192. 办假身份证违法吗？

典型案例

半个月前，鞠某在浙江义乌游玩时不慎将身份证丢失，本来打算补办一张，但又觉得路途遥远，来回跑一趟太麻烦了，费时又费钱。于是鞠某联系了老乡刘某让其帮忙制作一张假身份证，并于前几日持假证购买车票回到老家。鞠某以为证件已经达到了以假乱真的效果，却不料被派出所工作人员一眼识破。鞠某因涉嫌使用伪造的居民身份证，被行政处罚500元，并被收缴了伪造的身份证。刘某因涉嫌伪造、变造居民身份证罪被刑事拘留。

律师解析

身份证是我国公民证明身份的唯一有效证件，公民的合法身份要通过身份证来核实，其重要性不言而喻。我国《刑法》规定，对伪造、变造身份证的，要处以3年以下有期徒刑、拘役、管制或者剥夺政治权利。

法律依据

《中华人民共和国刑法》

第二百八十条　伪造、变造、买卖或者盗窃、抢夺、毁灭国家机关的公文、证件、印章的，处三年以下有期徒刑、拘役、管制或者剥夺政治权利，并处罚金；情节严重的，处三年以上十年以下有期徒刑，并处罚金。

伪造公司、企业、事业单位、人民团体的印章的，处三年以下有期徒刑、拘役、管制或者剥夺政治权利，并处罚金。

伪造、变造、买卖居民身份证、护照、社会保障卡、驾驶证等依法可以用于证明身份的证件的，处三年以下有期徒刑、拘役、管制或者剥夺政治权利，并处罚金；情节严重的，处三年以上七年以下有期徒刑，并处罚金。

193. 买假发票报销违法吗？

典型案例

小戴是一家律师事务所的会计，该律所律师经常因凑不齐票据而影响报销，小戴索性就低价从小贩那里购买假发票。两年间，小戴购买假发票票面额累计百万元。其他会计经常告诫他："假发票一经查出要受到处理的。"为此，小戴有些担心，但又心存侥幸，觉得这没啥，又不偷不抢的，怎么会犯罪呢。那么，购买假发票属于刑事犯罪吗？

律师解析

根据相关法律规定，非法购买增值税专用发票或者购买伪造的增值税专用发票的，处5年以下有期徒刑或者拘役，并处或者单处2万元以上20万元以下罚金。因此，小戴的行为已经涉嫌购买伪造的增值税专用发票罪，依法应该承担刑事责任。

法律依据

《中华人民共和国刑法》

第二百零八条　非法购买增值税专用发票或者购买伪造的增值税专用发票的，处五年以下有期徒刑或者拘役，并处或者单处二万元以上二十万元以下罚金。

非法购买增值税专用发票或者购买伪造的增值税专用发票又虚开或者出售的，分别依照本法第二百零五条、第二百零六条、第二百零七条的规定定罪处罚。

194. 私刻政府机关印章办事违法吗?

典型案例

田某因参与网络赌博导致银行卡被盗刷，损失钱财。田某通过查询自己的流水发现，他的钱财流入了一家位于浙江省杭州市的公司。于是，他便想到了一个“邪路子”，伪造国家机关印章通过先冻结资金再解冻的方式把自己的钱找回来。田某通过小广告联系了私刻公章的彭某，花费900元私刻了两枚公章，一枚印有“杭州市公安局”字样，另一枚印有“杭州市公安局XX分局”字样。同时，他还伪造了一分盖有上述两个假公章的资金返还文书，邮寄给了杭州市该公司的工作人员张某。张某信以为真，当即返还了83000元钱。尝到了甜头的田某再次伪造了一套相同的文书邮寄给张某。张某意识到情况不对，立即报了警，警方后将田某抓获归案。

律师解析

田某和彭某的行为都是违法的。田某和彭某伪造国家机关印章，其行为已触犯《刑法》第二百八十条，涉嫌伪造国家机关印章罪。国家机关的印章代表了国家机关的相应权力，而国家各机关的职能是国家授权的。国家机关印章的使用是其在一定领域、一定方面实行管理的重要凭证和手段，任何伪造、变造、买卖的行为都会遭到严厉的打击。

法律依据

《中华人民共和国刑法》

第二百八十条 伪造、变造、买卖或者盗窃、抢夺、毁灭国家机关的公文、证件、印章的，处三年以下有期徒刑、拘役、管制或者剥夺政治权利，并处罚金；情节严重的，处三年以上十年以下有期徒刑，并处罚金。

伪造公司、企业、事业单位、人民团体的印章的，处三年以下有期徒刑、拘役、管制或者剥夺政治权利，并处罚金。

伪造、变造、买卖居民身份证、护照、社会保障卡、驾驶证等依法可以用于证明身份的证件的，处三年以下有期徒刑、拘役、管制或者剥夺政治权利，并处罚金；情节严重的，处三年以上七年以下有期徒刑，并处罚金。

195. 参与传销组织违法吗？

典型案例

大学生小敏急于找工作，经人介绍入职了一家卖化妆品的公司。刚入职，小敏就被要求加入会员并被强制购买 10000 元的化妆品，而且该公司还说需要介绍别人购买才可以拿到提成，不同级别的会员拿得提成也不同。该公司经常会组织培训，动员会员们找亲戚拉朋友来听课。听了这些具有煽动力的授课，很多人往往就会动心，甚至当场交钱入会，会员拉人头数量越多提成越高。后来该公司被举报，公司负责人被刑拘。本案中，小敏参与传销违法吗？负责人会被判刑吗？

律师解析

本案中，该公司的行为属于非法传销。通过对被发展人员以其直接或者间接发展的人员数量或者销售业绩为依据计算和给付报酬，或者要求被发展人员以交纳一定费用为条件取得加入资格等方式牟取非法利益的，都属于传销行为。对于介绍、诱骗、胁迫他人参加传销的，由工商行政管理部门责令停止违法行为，没收非法财物，没收违法所得，处 10 万元以上 50 万元以下的罚款；构成犯罪的，依法追究刑事责任。

法律依据

《中华人民共和国刑法》

第二百二十四条之一 组织、领导以推销商品、提供服务等经营活动为名，要求参加者以缴纳费用或者购买商品、服务等方式获得加入资格，并按照一定顺序组成层级，直接或者间接以发展人员的数量作为计酬或者返利依据，引诱、胁迫参加者继续发展他人参加，骗取财物，扰乱经济社会秩序的传销活动的，处五年以下有期徒刑或者拘役，并处罚金；情节严重的，处五年以上有期徒刑，并处罚金。

196. 信用卡逾期不还会坐牢吗?

典型案例

贾某向银行申请办理了一张信用卡。3 个月间，贾某使用信用卡消费本金 20 万元。至最后还款日期，贾某仍未向银行还款。银行随后多次通过电话、信函、上门催收等方式联系贾某还款，但贾某一直未还。经银行报案，贾某被公安机关抓获归案。经法院审判，贾某无视国家法律，恶意透支进行信用卡，数额较大，犯信用卡诈骗罪，判处拘役 4 个月，并处罚金人民币 2 万元，限于本判决发生法律效力后 10 日内缴纳。

律师解析

信用卡逾期后，银行一般不会马上报案，从逾期到报案，再到立案，中间有一段过程。一般持卡人发生逾期后，银行会通过短信、电话等方式进行催收；如果催收两次后，持卡人仍然超过 3 个月没有还款，银行就可能考虑起诉持卡人；如果持卡人的逾期金额达到了 5 万元，就已经符合刑事案件立案的标准。公安部门在接到报案后，会受理案件，对案件的真实性进行调查，一旦公安机关核实持卡人涉及的案件情况属实，就会采取抓捕措施。逾期用户在被抓捕后，一直到法院判决都不能被放出来，在法院判决后，持卡人就可能面临牢狱之灾。

法律依据

《中华人民共和国刑法》

第一百九十六条　有下列情形之一，进行信用卡诈骗活动，数额较大的，处五年以下有期徒刑或者拘役，并处二万元以上二十万元以下罚金；数额巨大或者有其他严重情节的，处五年以上十年以下有期徒刑，并处五万元以上五十万元以下罚金；数额特别巨大或者有其他特别严重情节的，处十年以上有期徒刑或者无期徒刑，并处五万元以上五十万元以下罚金或者没收财产：

（一）使用伪造的信用卡，或者使用以虚假的身份证明骗领的信用卡的；

（二）使用作废的信用卡的；

（三）冒用他人信用卡的；

（四）恶意透支的。

前款所称恶意透支，是指持卡人以非法占有为目的，超过规定限额或者规定期限透支，并且经发卡银行催收后仍不归还的行为。

盗窃信用卡并使用的，依照本法第二百六十四条的规定定罪处罚。

197. 偷拍监视女友犯法吗？

典型案例

王某因在恋爱中被前女友劈腿，与其分手后产生了感情洁癖，要求之后交往的女朋友必须对自己绝对忠诚。在亲属的介绍下，王某和女孩小丽谈起了恋爱。不久，王某利用帮女友小丽修理电脑的机会，偷偷在小丽的房间内安装了摄像头与窃听器，监视监听小丽的一举一动。那么，王某的行为合法吗？

律师解析

王某的行为显然违法。我国《宪法》规定，公民的合法权利不受任何人的侵犯。本案中，王某因怀疑女友对自己是否忠诚，就在女友家中安装摄像头和窃听器，以便监视女友的一举一动。每一个公民都有权保护自己的隐私，王某的行为侵犯了其女友的隐私权。从道德上讲，王某的行为是一种极不尊重人的不道德的变态行为，侵犯了女友的人权；从法律上讲，王某的行为已经构成了犯罪，应当追究其刑事责任。

法律依据

《中华人民共和国刑法》

第二百八十四条 非法使用窃听、窃照专用器材，造成严重后果的，处二年以下有期徒刑、拘役或者管制。

198. 因讨债扣押债务人违法吗？

典型案例

李某与谢某是朋友，谢某因公司急需资金周转向李某借款50万，约定一年后归还。可谢某生意失败，公司破产后便躲了起来。李某找到谢某，将谢某控制在宾馆内不得外出，但没有打骂，并提供吃喝，只是要求谢某想办法给所有亲朋好友打电话到宾馆送钱。三天后，经谢某的家人报警，谢某被解救。那么，李某行为违法吗？

律师解析

李某将谢某控制在宾馆内，限制谢某的人身自由长达数十个小时，已经构成非法拘禁罪，虽然是为了讨债，没有对其造成身体伤害并提供吃喝，但也不影响本罪的犯罪构成。

所谓非法拘禁，是指以拘押、禁闭或者其他强制方法，非法剥夺他人人身自由的行为。非法拘禁罪侵犯的客体是他人的身体自由权。所谓身体自由权，是指以身体的动静举止不受非法干预为内容的人格权，亦即在法律范围内按照自己的意志决定自己身体行动的自由权利。

法律依据

《中华人民共和国刑法》

第二百三十八条　非法拘禁他人或者以其他方法非法剥夺他人人身自由的，处三年以下有期徒刑、拘役、管制或者剥夺政治权利。具有殴打、侮辱情节的，从重处罚。

犯前款罪，致人重伤的，处三年以上十年以下有期徒刑；致人死亡的，处十年以上有期徒刑。使用暴力致人伤残、死亡的，依照本法第二百三十四条、第二百三十二条的规定定罪处罚。

为索取债务非法扣押、拘禁他人的，依照前两款的规定处罚。

国家机关工作人员利用职权犯前三款罪的，依照前三款的规定从重处罚。

199. 故意传播性病违法吗？

典型案例

有家室的张某风流成性，染上性病，他既玩婚外恋找女朋友，还进行嫖娼。在自己经确认患有性病并一直服药治疗的情况下，依然无视风险隐瞒患病事实与卖淫女杨某商定嫖娼，于当天凌晨3时许来到杨某的出租屋内。张某在没有采取安全防范措施的情况下与杨某进行了性交易，事后支付200元嫖资给杨某。

律师解析

张某在明知自己患有严重性病的情况下仍进行嫖娼，其行为构成传播性病罪。张某恶意地传播性病，即便没有实质的感染，但仅仅做出这样的行为就已经对公众构成巨大的威胁，造成恶劣的社会影响。因此，张某构成传播性病罪，要依法追究其刑事责任。

法律依据

《中华人民共和国刑法》

第三百六十条 明知自己患有梅毒、淋病等严重性病卖淫、嫖娼的，处五年以下有期徒刑、拘役或者管制，并处罚金。

200. 追打小偷是否属于正当防卫?

典型案例

小偷钟某和张某盗取温某公司员工杨小姐一部手机后驾驶摩托车逃离。温某发现后，驾驶自己摩托车追踪，在追逐中撞上对方的摩托车，致钟某、张某摔倒，经鉴定为轻微伤。温某的行为是否构成正当防卫?

律师解析

正当防卫，要求不法侵害正在进行当中，即不法侵害已经开始，尚未结束。根据最新公布的《最高人民法院 最高人民检察院 公安部关于依法适用正当防卫制度的指导意见》的有关规定，在财产犯罪中，不法侵害人虽已取得财物，但通过追赶、阻击等措施能够追回财物的，可以视为不法侵害仍在进行。本案中，被害人张某和钟某在实施盗窃他人手机的行为之后逃走，被盗财物虽脱离失主的控制，但温某在发现之后立即驾驶摩托车追赶的行为应视为不法侵害仍在进行。温某为了他人的财产权益免受侵害，对正在进行中的不法侵害进行追击，其行为虽然造成两人轻微伤，但未明显超出必要限度，故温某的行为属于正当防卫。

法律依据

《中华人民共和国刑法》

第二十条 为了使国家、公共利益、本人或者他人的人身、财产和其他权利免受正在进行的不法侵害，而采取的制止不法侵害的行为，对不法侵害人造成损害的，属于正当防卫，不负刑事责任。

正当防卫明显超过必要限度造成重大损害的，应当负刑事责任，但是应当减轻或者免除处罚。

对正在进行行凶、杀人、抢劫、强奸、绑架以及其他严重危及人身安全的暴力犯罪，采取防卫行为，造成不法侵害人伤亡的，不属于防卫过当，不负刑事责任。

《最高人民法院 最高人民检察院 公安部关于依法适用正当防卫制度的指导意见》

二、正当防卫的具体适用

6. ……在财产犯罪中，不法侵害人虽已取得财物，但通过追赶、阻击等措施能够追回财物的，可以视为不法侵害仍在进行；对于不法侵害人确已失去侵害能力或者确已放弃侵害的，应当认定为不法侵害已经结束。对于不法侵害是否已经开始或者结束，应当立足防卫人在防卫时所处情境，按照社会公众的一般认知，依法作出合乎情理的判断，不能苛求防卫人。对于防卫人因为恐慌、紧张等心理，对不法侵害是否已经开始或者结束产生错误认识的，应当根据主客观相统一原则，依法作出妥当处理。